Jörg und Roland Rosenstock

Wie lese ich die Bibel?

Neugier genügt

Luther-Verlag

Bibliographische Information der Deutschen Nationalbibliothek
Die Deutsche Nationalbibliothek verzeichnet diese Publikation
in der Deutschen Nationalbibliographie;
detaillierte bibliographische Daten sind im Internet
über http://dnb.d-nb.de abrufbar.

ISBN: 978-3-7858-0639-5

Umwelthinweis:
Dieses Buch wurde auf chlorfrei gebleichtem Papier gedruckt.

Umschlaggestaltung: Dipl.-Grafikdesignerin Eva Dietsche, Bochum
Satz: Luther-Verlag Bielefeld
Druck und Bindung: ROSCH-BUCH Druckerei GmbH, Scheßlitz
Printed in Germany

Inhalt

Vorwort

Sie möchten *die Bibel kennenlernen?*
Dann zeigen wir Ihnen
einen spannenden Weg
durch das Buch der Bücher.
Sie brauchen dafür keine Vorkenntnisse.
Neugier genügt!

Die in unserem Buch ausgewählten Texte stehen
beispielhaft für die großen Themen der Bibel
und ihre vielfältigen literarischen Formen.
Sie lernen diese Formen in den *Kapiteln eins
bis acht* kennen.
Beim Lesen biblischer Texte treffen Sie auch
auf *Widersprüche;*
wie Sie damit umgehen können, lesen Sie im
Kapitel neun.
Im *zehnten Kapitel* erfahren Sie etwas
über *die großen Linien,* die alle biblischen Bücher
miteinander verbinden.

Wir empfehlen, dieses Buch fortlaufend zu
lesen, aber auch ein neugieriges Einsteigen
in einzelne Kapitel kann sinnvoll sein.

Hilfreich ist es, wenn Sie beim Lesen dieses Buches *eine Bibel zum Nachschlagen* zur Hand haben. Welche für Sie geeignet sein kann, lesen Sie im Literaturverzeichnis unter Bibeln.

Greifswald und Gütersloh, April 2014

Jörg und Roland Rosenstock

Einleitung

Das Wort „Bibel" geht auf das griechische Wort
biblia zurück und bedeutet übersetzt: „Bücher".
Die Bibel ist also eine Sammlung von
66 (evangelische Bibel) oder
73 (katholische Bibel) unterschiedlichen Büchern,
die in einem Zeitraum von 1000 Jahren
entstanden sind.

Im Inhaltsverzeichnis einer Bibel
erkennen Sie zwei große Teile:

Das *Alte Testament* handelt von der Zeit
des Volkes Israel *vor Jesus*.
Das *neue Testament* handelt von Jesus
und der Zeit danach.
Sowohl das Alte als auch das Neue Testament
sind *nach Textformen* geordnet.
Man kann das gut am Inhaltsverzeichnis
der Lutherbibel erkennen,
sie teilt die Texte des ALTEN TESTAMENTS
drei Textformen zu:
+ den Geschichtsbüchern
+ den Lehrbüchern
+ den Prophetenbüchern.

Auch im NEUEN TESTAMENT gibt es wieder
eine Dreiteilung:
+ Geschichtsbücher
+ Briefe
+ Prophetisches Buch

Innerhalb dieser großen Textformen gibt es
auch eine Reihe von kleineren. Das sind:

+ Gedichte, *Weisheiten*,
+ *Witze*, Kurzgeschichten, Reiseberichte,
+ Gebete, *Liebeslieder*, Theaterstücke,
+ Heldengeschichten, Märchen, *Gleichnisse*,
+ ja sogar Bauanleitungen, Namensregister
+ und Rezepte.

Deshalb müssen wir uns von dem Gedanken
verabschieden, alle Texte der Bibel hätten nur
eine Form, nämlich den historischen Bericht.
Das wäre genau so, als wenn es den ganzen Tag
über im Fernsehen nur Nachrichten gäbe
oder in unserem Bücherschrank nur Geschichtsbücher ständen.

Gerade die *Vielfalt an Texten* ist
für uns ein *großer Reichtum*,
von dem wir in diesem Buch
erzählen möchten.

Es sind *kostbare Texte*,
in denen alles angesprochen wird,
was wir Menschen zum Leben brauchen
und was uns im Leben trägt.
Sie wurden von Menschen erzählt,
aufgeschrieben und weitergegeben,
weil sie für ihr Leben und ihren Glauben
eine entscheidende Bedeutung hatten,
ihnen *heilig* waren.

Zwar sind wir,
der Gemeindepfarrer und der Professor,
eineiige Zwillinge.
Aber wir sind in unserem Leben
ganz unterschiedlich
von biblischen Texten *geprägt* worden.
Und so hatten wir *große Freude* daran,
einmal ein gemeinsames Buch über die Bibel
zu schreiben.

Unser Ziel:

Ihnen als Leserinnen und Lesern
den Einstieg ins Bibellesen zu erleichtern.
Bei unserer Arbeit haben wir uns von drei
einfachen Regeln des Sprachwissenschaftlers
Umberto Eco leiten lassen, die auch Ihnen

beim Verstehen eines biblischen Textes
helfen können (Eco bringen Sie vermutlich
mit dem „Namen der Rose" in Verbindung):

1. Nimm einen Text so lange wie möglich
   wörtlich.
2. Lies einen Text immer in seinem
   größeren Zusammenhang.
3. Bedenke, dass die biblischen Texte
   älter sind als du.

KAPITEL 1

Geschichts-
bücher und
erfundene
Wahrheit

DAS BUCH DER RICHTER
DAS 2. BUCH SAMUEL
DAS BUCH JONA

König David hat sich in Batseba verliebt.
Sie ist die Frau eines seiner treuesten Soldaten,
sein Name: *Uria.*
Uria befindet sich gerade im Krieg.
Die schöne Batseba wohnt
ganz in der Nähe des königlichen Palastes,
und der König kann sie von seinen Privaträumen
aus beobachten.
Nachdem er ihr bei der Körperpflege zugeschaut
hat, lässt er sie in den Palast rufen.
Sie wird schwanger.

Der König hat eine kluge Idee.
Er gibt dem Ehemann Uria
ein paar Tage *Urlaub* vom Kampf
und hofft, dass sich dieser
zu seiner geliebten Frau legen wird.
Die Schwangerschaft würde sich dann
von selbst erklären.
Aber der Ehemann denkt gar nicht daran,
er schläft pflichtbewusst bei den königlichen
Soldaten.
Also plant David einen *geschickten Mord.*
Er gibt seinem treuen Soldaten Uria einen
verschlossenen *Brief* an den Hauptmann mit,
der gerade den Krieg für David führt.

In dem Brief steht Folgendes:

> „Stell den *Überbringer dieses Briefes*
> im Kampf ganz nach vorn,
> an die gefährlichste Stelle.
> Dann zieh alle anderen Männer
> plötzlich zurück,
> sodass Uria ganz alleine weiter kämpfen muss,
> bis er von unseren *Feinden erschlagen* wird.
> Dann berichte mir von seinem Tod!"

Der Hauptmann liest den Brief,
den der treue Soldat Uria ihm
von seinem König überbringt und gehorcht.

Batseba wird Witwe und der großherzige David
nimmt sie in seinen Harem auf.
Er hat bekommen, was er wollte.
Ein perfekter Mord und eine große Liebe!

Im 2. *Buch Samuel Kapitel* 11 wird diese Begebenheit erzählt, und sie endet mit den Worten:

> „Aber *Gott missfiel* die Tat,
> die David getan hatte."

So erfahren wir Leserinnen und Leser – fast
nebenbei – von einer besonderen Eigenschaft

Gottes, die sich durch alle Bücher der Bibel
hindurchziehen wird:
Gott kann Unrecht nicht leiden!

Und er schickt seinen *Propheten Nathan,*
um David des Mordes zu überführen.

Wie soll sich Nathan verhalten?
Einfach zum König hingehen und
die Sache direkt ansprechen:

„Du bist ein Mörder!"?

Das könnte Nathan den Kopf kosten.
Haben Sie eine Idee für den Propheten?!

Der Prophet bittet um einen Termin beim König
und erzählt ihm eine frei erfundene Geschichte:

„Stell dir vor, mein König.
In einer Deiner Städte leben zwei Männer.
Der eine ist reich und besitzt ganz viele Schafe.
Der andere ist arm und hat nur ein einziges
kleines Schäflein.
Und er nimmt sein Schäfchen mit in sein Haus,
und es wohnt mit seiner Familie zusammen.
Es isst sogar mit ihnen und
darf bei der Familie schlafen.

Da bekommt der reiche Mann Besuch.
Und weil er von seinen Schafen keines
schlachten will, um den Gast zu bewirten,
nimmt er dem armen Mann
sein Schäfchen weg,
und macht daraus ein schmackhaftes
Abendessen."

Diese frei erfundene Geschichte berührt
nicht nur uns, und erinnert uns vielleicht
an eine ähnliche Situation in unserem Leben.
Diese frei erfundene Geschichte trifft den König
mitten ins Herz.
Er wird *fuchsteufelszornig* und schreit empört:

„So wahr Gott lebt:
Dieser Kerl ist ein Kind des Todes,
der das getan hat!"

Da antwortet Nathan dem David:

„*Du bist der Mann!*" (2. Samuel 12,7).

Plötzlich *erkennt sich der König in der Erzählung*
wieder und lässt allen Widerstand fahren.
Durch eine *erfundene Geschichte* ist er bereit,
die *Wahrheit* über sich anzuerkennen
und seine Schuld einzugestehen (Erik Aurelius).

Wer bis jetzt der Auffassung war,
eine Geschichte sei entweder wahr
oder erfunden,
der wird durch das 2. Samuel-Buch
eines Besseren belehrt.

Es gibt offensichtlich mindestens
zwei *Formen von Wahrheit.*
Die eine Wahrheit besteht darin zu sagen,
was in der Vergangenheit passiert ist. Wir nennen
sie „historische = geschichtliche" Wahrheit.
Zum Beispiel ist es eine historische Tatsache,
dass es den König David gegeben hat.
Die *Geschichtsbücher* im Alten Testament,
die Chroniken und die Samuel-Bücher
berichten über ihn und seine Zeit.
Die andere Wahrheit versucht zu sagen,
wie wir Menschen auf dieser Welt leben können,
wie unser Leben gelingen oder misslingen kann.
Wir nennen diese Wahrheit die
„existenzielle = unsere Existenz betreffende"
Wahrheit.

Jeder Mensch erlebt *Gefühle* wie Angst,
Wut, Liebe, Hoffnung, Vertrauen.
Welche Bedeutung haben sie?
Da gibt es *unterschiedliche Zeiten* in unserem
Leben, die bewältigt werden wollen:

Geburt, Kindheit, Jugend, erwachsen sein,
alt werden, sterben. Wie kann ich mich
in diesen Lebensphasen verhalten?
Da gibt es *Verstrickungen im Leben*, Versuchun-
gen, Scheitern, Schuld. Wie damit umgehen?
Wie mache ich Erfahrungen von *Glück*, Zufrie-
denheit, Selbstannahme und Dankbarkeit? Und
wie kann ich Gott in meinem Leben begegnen?
Das sind existenzielle Fragen. Sie betreffen das
Leben eines jeden Menschen.

Eine große Anzahl biblischer Texte wurde
aufgeschrieben und weitergegeben,
um die gefundenen Antworten auf diese Fragen
für zukünftige Generationen – also für uns – zu
bewahren. Der Wiener Theologe Ulrich Körtner
nennt die Wahrheit dieser Geschichten
die *„erfundene Wahrheit“*.

Gute Geschichten tragen also die Kraft in sich,
uns beim Leben zu helfen. Sie haben mindestens
eine *Lebenswahrheit*. Auch Jesu Gleichnisse
sind ein gutes Beispiel dafür, wie erfundene
Geschichten die Wahrheit erzählen.
(Wir kommen in Kapitel 5 auf Jesus zu sprechen).
Und auch folgender tiefsinniger politischer
Witz aus dem *Richterbuch, Kapitel 9,8–15* ist ein
Beispiel „erfundener Wahrheit“:

„Einst kamen *die Bäume* zusammen,
um sich *einen König* zu wählen.
Sie sagten zum Ölbaum:
‚Sei du unser König!'
Aber der *Ölbaum* erwiderte:
‚Soll ich vielleicht aufhören,
kostbares Öl zu spenden,
mit dem Götter und Menschen
geehrt werden?
Sollte ich über den Bäumen thronen?'
Da sagten die Bäume zum *Feigenbaum*:
‚Sei du unser König!'
Doch der Feigenbaum erwiderte:
‚Soll ich vielleicht aufhören,
süße Feigen zu tragen?
Sollte ich über den Bäumen thronen?'
Da sagten sie zum Weinstock:
‚Sei du unser König!'
Doch der erwiderte:
‚Soll ich aufhören, Wein zu spenden,
der Götter und Menschen erfreut?
Sollte ich über den Bäumen thronen?'

Weil sie keinen fanden, der König
werden wollte, baten sie am Ende
den stachligen Dornenstrauch,
der nur Dornen hatte und keine Früchte:
‚Dann sei du unser König!'

Und der Dornstrauch erwiderte:
‚Ja! Wenn ihr mich zu eurem König machen
wollt, dann bückt euch tief vor mir
und sucht Schutz unter meinem Schatten!
Bückt ihr euch aber nicht,
wird *Feuer* von meinen Dornen ausgehen,
und die schönsten und kräftigsten Bäume
verbrennen!‘"
(Übersetzung Gute Nachricht, etwas überarbeitet)

Wer diese Erzählung *rein wörtlich nimmt*,
kommt natürlich in Erklärungsnot:
Bäume können nicht reden,
sich nicht versammeln
und schon gar nicht einen König wählen.

Versteht man aber die Geschichte der Bäume
als Gleichnis im dichterischen Gewand,
so wird diese hintergründige Geschichte von
den Bäumen immer wieder neu aktuell.
Uns fällt sofort eine „Führerpersönlichkeit" ein,
wie dieser „stachlige Dornenstrauch",
der mit *Gewalt und Feuer* nur
zu seinem eigenen Vorteil regiert.
Und uns fällt auch ein Volk ein,
das ganz demokratisch seinen Machthaber
gewählt hat,
der es dann in Krieg und Verderben stürzte.

Zum Weiterlesen:

Das *Buch Jona* ist eine erfundene Geschichte (Rüdiger Lux), die Sie in kurzer Zeit ganz durchlesen können.
Der Prophet Jona erhält einen Auftrag von Gott, den er nicht durchführen will.

+ Warum ist Jona am Ende sauer auf Gott?
+ Worin liegt die „Wahrheit" dieses Buches?

Zum Weiterdenken:

+ Welches Buch, welcher Film gefällt Ihnen gut?
+ Von welchen *menschlichen Erfahrungen* wird darin berichtet?
+ Hat diese Erzählung eine „historische" oder eine „existenzielle" Wahrheit, oder sind beide miteinander vermischt?

KAPITEL 2

Liebeslieder
und Gebete

DAS BUCH DER PSALMEN

DAS HOHE LIED SALOMOS

In der Bibel gibt es zwei große *Liedsammlungen*
in je einem eigenen Buch.
Die eine Sammlung von Liedern ist *religiös*,
die andere *erotisch*.

Die Religiöse findet sich im „*Buch der Psalmen*".
Es beinhaltet eine Auswahl der hundertfünfzig
wichtigsten religiösen Lieder und Gebete
aus alttestamentlicher Zeit.
Die erotische Sammlung finden wir im Buch
mit dem Titel: Das *Hohe Lied Salomos*. Hier
lesen wir sechsunddreißig erotische Liebeslieder.
(Die folgenden Übersetzungen zum Hohen Lied
sind von Herbert Haag.)

Singen war damals genauso wichtig wie heute.
Man hatte natürlich noch keinen MP3-Player,
sondern man sang selber und ging zum Live-
Konzert auf den Marktplatz oder ins Gotteshaus.

Lieder und Gedichte haben viel gemeinsam.
*Ge*dich*te* sind ver*dicht*ete *Sprache*
und leben von *Bildern*:

> Der Mensch ist *wie Gras*,
> das am Morgen blüht und sprießt
> und am Abend welkt und verdorrt.
> (Psalm 90,6)

Gott ist mein *Hirte*. Er weidet mich
auf einer grünen Wiese und
führt mich zu frischem Wasser.
(Psalm 23,1+2)

Von den *„lebendigen Bäumen"* war
im ersten Kapitel bereits die Rede.
Sie kommen auch in den Psalmen vor.
Ein Lied erzählt, wie die ganze Schöpfung
vor Freude in Bewegung kommt:

„Der *Himmel freue sich*
und die *Erde sei fröhlich*,
das Meer brause und was darinnen ist;
das Feld sei fröhlich und alles, was darauf ist;
es sollen *jauchzen alle Bäume* im Walde!"
(Psalm 96,11)

Wenn wir diese Verse lesen, dann
überträgt sich etwas von der Freude
der Schöpfung auf unseren Körper.
Wir kommen selbst in Bewegung,
möchten uns mitfreuen und tanzen.

Psalmen reden auf sehr bildhafte Weise
von *starken Gefühlen*. Sie benutzen Bilder,
die uns unmittelbar einleuchten.
Lob, Freude und Klage finden ihren Ausdruck.

25

Wer Grund hat zur Freude oder zur Klage,
kann sich hier Worte leihen.
So klar ist diese Sprache, dass sie auch
von Kindern verstanden wird.
(Eine dichterisch sehr schöne Übertragung der Psalmen
ins heutige Deutsch findet sich bei Hanns Dieter Hüsch
und Uwe Seidel).

Dem *König David* wird fast die Hälfte aller
Psalmen zugeordnet, der *Psalm 72* ist der letzte,
sein „Testament" für seinen Sohn Salomo.
Durch den *Psalm 51* erfahren wir, wie es in David
aussah, nachdem Nathan ihn wegen des Mordes
an Uria gestellt hatte. David betet zu Gott. Und
dieses Gebet ist als Gesang vertont worden.
Leider gab es damals noch keine Aufnahme-
geräte. So ist uns nur der Text geblieben:

> Sei mir gnädig, Gott, nach deiner Güte,
> nach deinem großen Erbarmen
> lösche aus mein Verbrechen.
> Wasche mich ganz ab von meiner Schuld,
> und von meiner Sünde reinige mich!
> Ja, mein Verbrechen erkenne ich,
> und meine Sünde ist gegen mich allezeit,
> gegen dich allein habe ich gesündigt,
> und das in deinen Augen Böse habe ich getan.
> (...)

Ein reines Herz erschaffe mir, Gott,
und einen festen Geist erneuere
in meinem Inneren.
Nicht wirf mich weg von deinem Angesicht,
und deinen heiligen Geist nimm nicht von mir.
(Psalm 51, Verse 3 bis 13 in der Übersetzung
von Erich Zenger)

Warum ist gerade dieser Psalm in der Bibel
an uns weitergegeben worden?
Warum wurde dieses Lied über die Jahrhunderte
immer wieder neu gesungen, bis heute?
Der Professor für alttestamentliche
Bibelauslegung, Erich Zenger, schreibt dazu:

„Dem David, der seine Sünde weder
beschönigt noch verdrängt, sondern vor Gott
bekennt und bereut, verzeiht Gott –
und stiftet so Hoffnung für jeden Israeliten,
der den Weg der Sünde verlässt und
zu Gott zurückkehrt."

David wird uns zum Vorbild in der Ehrlichkeit,
mit der er sein Verbrechen schonungslos zugibt.
Und gerade dadurch, dass er zu dem steht,
was er getan hat, dass er ehrlich zu sich selbst
und zu Gott ist, wird ein Neuanfang möglich.

Dorothee Sölle dichtet zum Psalm 51:

> „schaffe in mir gott ein neues herz (...)
> und gib mir einen neuen geist
> dass ich dich loben kann
> ohne zu lügen
> mit tränen in den augen
> wenns denn sein muss
> aber ohne zu lügen"

Ein gutes Beispiel für die *Schönheit der Sprache*
in der Bibel sind die Texte,
die sich mit der *erotischen Liebe* beschäftigen.
Die Bibel hat ein deutlich unbefangeneres
Verhältnis zur Sexualität, als wir oft meinen.
Sie ist ein Schöpfungsgeschenk, eine Wesens-
äußerung gegenseitiger Freude
und hat im Hohen Lied einen Wert an sich.
Die Liebesliedersammlung im *Hohen Lied
Salomos* nutzt *faszinierend zarte* und
zugleich *gefühlsstarke Sprachbilder*,
denen der jüdische Maler *Marc Chagall* eine
ganze Abfolge von Kunstwerken gewidmet hat:

> „Lege mich wie ein *Siegel an dein Herz*,
> wie ein Siegel an deinen Arm!
> Denn *stark wie der Tod* ist die Liebe,
> hart wie die Unterwelt *die Leidenschaft*.

Ihre Brände sind *Feuerbrände*,
eine mächtige Flamme.
Große Wasser *können die Liebe nicht löschen*,
Ströme schwemmen sie nicht fort."
(Das Hohelied 8,6–7)

„Ich bin *eine Mauer*,
und meine *Brüste sind wie Türme*.
Nun habe ich in seinen Augen
das Glück gefunden."
(Das Hohelied 8,10)

So wird zum Beispiel *der Garten* (4,16) zum Bild
für die Vereinigung zwischen den Liebenden:

„In den Nussgarten stieg ich hinab,
zu schauen nach den Blumen im Tal,
zu schauen, ob der *Weinstock treibt*,
ob die *Granaten blühen*.
Ich kannte mich selber nicht mehr ..."
(Das Hohelied 6,11–12)

Die Bibel schenkt uns eine Sprache, mit der
wir die schönen und die schweren Momente
unseres Lebens beschreiben können.
Sie führt uns zu der Schönheit von Erotik und
Sexualität und auch zur Erfahrung von Schuld
und der Suche nach Versöhnung.

 **Zum Weiterlesen:**

Lesen Sie den vielleicht berühmtesten Psalm
der Welt: den *Psalm 23*.
+ Was fühlt ein Mensch, der dieses Lied singt?
+ Welche Formulierungen passen zu Ihrem
eigenen Leben?

 **Zum Weiterdenken:**

+ Welche Lieder hören Sie gerne?
  Oder singen Sie sogar manchmal selbst?
+ Wovon handeln Ihre Lieder?
+ Kennen Sie ein Lied oder ein Gedicht,
  in dem es starke Bilder für Gefühle gibt?

KAPITEL 3

Prophetenbücher und Gebote

DIE FÜNF BÜCHER MOSE

DIE PROPHETENBÜCHER

JESAJA, HESEKIEL

UND AMOS

Wie ist das, wenn sich Menschen nicht gut
verhalten, wenn sie auf Kosten anderer leben,
die dadurch leiden müssen?

Was kann man da machen, wenn es um einen
herum nicht gerecht zugeht?

Zum einen benötigen wir Menschen Regeln,
die dafür sorgen, dass die Freiheit
aller Menschen bewahrt bleibt – sofern sich
alle daran halten. Die bekanntesten Regeln
für den Zusammenhalt einer Gesellschaft sind
die zehn Gebote aus der Bibel.
Zum anderen brauchen wir mutige Menschen,
die aufstehen und vor den Folgen unfairen
Handelns warnen. Manche wagen das
aus ihrem Glauben heraus wie die Prophetinnen
und Propheten Israels.

Der biblische Gott ist nicht neutral,
er ist parteiisch. Von ihm wird erzählt, dass er
Gerechtigkeit liebt und Unrecht verabscheut.
Gott steht auf der Seite der gesellschaftlich
Schwachen, der Witwen und Waisen,
der Armen und Ausländer.
Gott kritisiert Reichtum, wenn er nicht
zum Wohl der Allgemeinheit eingesetzt wird.
Gott kritisiert körperliche und seelische Gewalt,

Bestechung und jede Form der Ausbeutung
und des Missbrauchs.

Einen besonders krassen Fall von Ungerechtigkeit finden wir in der Zeit des Propheten Amos:

Der *Prophet Amos* lebt zur Zeit des *Königs
Jerobeams II.*, der in den Jahren 787–747
vor Christus das Nordreich von Israel regiert.
Unten im Süden herrscht der *König Usija.*
Zu der Zeit ist Israel nicht mehr eins,
wie unter David und Salomo, sondern bereits
in zwei Teile geteilt.
Amos ist von Beruf *Schafzüchter* und
stammt eigentlich aus dem Süden.
Da bekommt er den Auftrag von Gott,
in den Norden zu gehen und die Ungerechtigkeit
anzuklagen, die dort eine reiche Oberschicht –
von König und Priestern unterstützt –
auf Kosten der armen Bevölkerung ausübt.

Dem Land geht es wirtschaftlich gut. Alles
scheint in Ordnung. Es ist eine friedliche Zeit
und es hat sich eine wohlhabende Oberschicht
im Land gebildet, die den Ton angibt.
Die Reichen werden immer reicher und
die Armen immer ärmer. *Die Vermögenden behalten ihren Reichtum für sich,* anstatt ihn

zum Wohl der ganzen Bevölkerung einzusetzen,
und sie treiben immer mehr Menschen in
die Armut, ja sogar in die Sklaverei. Die Richter
lassen sich bestechen und weisen diejenigen,
die ihr Recht vor Gericht einklagen wollen, ab.
(Amos 5,7 und 12)

Immer wieder beginnt Amos seine Kritik
mit den gleichen Worten:

> *„Hört, was der HERR sagt: ...!"*

Zuerst nennt Amos das *Unrecht beim Namen:*

> *„Hört, was der HERR sagt:*
> Auch ihr Leute von Israel habt Verbrechen
> auf Verbrechen gehäuft!
> Darum verschone ich euch nicht.
> Ihr verkauft ehrliche Leute als Sklaven,
> nur weil sie ihre Schulden nicht bezahlen
> können, ja ihr verkauft einen Armen schon,
> wenn er euch eine Kleinigkeit wie ein Paar
> Sandalen schuldet."
> (Amos 2,6; Gute Nachricht)

Dann weist er die, die Unrecht tun, *auf
die Folgen ihres Tuns hin*, sie werden in
ihren reichen Häusern nicht wohnen bleiben:

„Deshalb, weil ihr von den Hilflosen
Pachtgeld erhebt und Getreidesteuer
von ihnen nehmt: Häuser aus behauenen
Steinen habt ihr gebaut,
aber wohnen werdet ihr dort nicht.
Prächtige Weingärten habt ihr angelegt,
aber trinken werdet ihr ihren Wein nicht."
(Amos 5,11; Bibel in gerechter Sprache)

Die Reichen und Mächtigen berufen sich
zwar darauf, dass sie ja auch an Gott glauben
und ihm Brandopfer darbringen,
aber Gott lässt sich nicht bestechen:

„Ich hasse, ich verachte eure Feste!
Eure Versammlungen kann ich nicht riechen.
Auch wenn ihr für mich Brandopfer darbringt,
gefallen mir eure Opfergaben nicht,
und eure Mastkälber sehe ich nicht an."
(Amos 5,21 und 22; Bibel in gerechter Sprache)

Amos ruft zur Umkehr. Die katastrophalen
Folgen können nur dann abgewendet werden,
wenn die Mächtigen ihr Verhalten ändern.

„Suchet Gott, damit ihr lebt!"
(Amos 5,6; Bibel in gerechter Sprache)

Aber: Wer ändert schon sein Verhalten,
wenn es ihm oder ihr gut geht?!
Daraufhin verurteilt Amos die Reichen
im Namen Gottes.
Gott wird sie aus ihrer Heimat verbannen:

> „‚Ich führe euch in die Verbannung,
> bis hinter Damaskus‘, sagt GOTT.“
> (Amos 5,27; Bibel in gerechter Sprache)

Der oberste Priester schaltet sich ein,
sein Name ist Amazja. Er bittet Amos unhöflich
und bestimmend, das Land zu verlassen
(Amos 7,12).

Amos verabschiedet sich mit einem *Blick
in die Zukunft*, der Hoffnung gibt.
Gottes Gericht über die Ungerechten
ist zeitlich begrenzt. Die „Hütte Davids“
(Amos 9,11) wird wieder aufgebaut.

> „Ich werde das Schicksal meines Volkes Israel
> wenden: Sie werden die verwüsteten Städte
> aufbauen und dort wohnen, sie werden
> Weinberge anlegen und ihren Wein trinken;
> sie werden Gärten anpflanzen und von ihren
> Früchten essen.“
> (Amos 9,14; Bibel in gerechter Sprache)

Nun, die *Ankündigungen des Propheten* treffen wirklich ein. Zwei Jahre später gibt es ein Erdbeben (Amos 1,1) und bald darauf unterwirft das Volk der Assyrer den Norden Israels militärisch, ein Teil der Wohlhabenden wird gefangen genommen und verschleppt.
Für das Volk Israel beginnt die *lange Zeit der politischen Fremdbestimmung*.
Nach den Assyrern kommen die Babylonier, dann die Perser, dann die Griechen und dann die Römer.

Amos beschreibt ein Land, in dem die Wohlhabenden und Mächtigen immer reicher werden und der Rest der Bevölkerung immer ärmer. Amos wird im Namen Gottes politisch, *weil Gott Partei ergreift!*

Es ist nicht abwegig, die Zeit des Amos mit der Situation in Deutschland im Jahr 2014 zu vergleichen. 10 % der Deutschen verfügen heute über 60 % des Privatvermögens. Zugleich lebt jedes fünfte Kind (!) in Deutschland, nach den Aussagen des Deutschen Kinderhilfswerkes und des Kinderschutzbundes unter der Armutsgrenze. Das sind 2,8 Millionen Kinder! *Ein Land, das seine Kinder millionenfach verarmen lässt,* kann auf Dauer nicht bestehen und droht sozial zu zerbrechen. Der Sozialrichter Jürgen Borchert mahnt: „Es geht um nichts weniger als die *Menschenwürde unserer Kinder*, die in Deutschland tief verletzt wird."

Auch das *Buch Jesaja* ist ein prophetisches Buch. Der *erste Teil* (1–39) beginnt in dem Jahr, als der *König Usija* stirbt und sein Nachfolger Ahas König des Südreiches wird (Jesaja 7,3). Der *zweite Teil* (40–55) berichtet von der Gefangenschaft des jüdischen Volkes in Babylon. Der *dritte Teil* (56–66) setzt die *Rückkehr ins Land Israel* voraus, nachdem der *Perserkönig Kyrus* die Babylonier geschlagen und den Wiederaufbau des Tempels in Jerusalem befohlen hatte.
Das Buch Jesaja umfasst damit einen *Zeitraum von ca. zweihundert* Jahren.

Als das Volk Israel in der Fremde – in Babylon – gefangen ist, ändert sich der Ton des Prophetenbuches. Wurde vorher – wie bei Amos – von Schuld und Gericht gesprochen, so spricht Jesaja dem Volk in Gottes Namen *hoffnungsvolle und zärtliche Worte zu.*
Im folgenden Text wird der Berg „Zion" genannt, auf dem die Stadt Jerusalem gebaut wurde. Mit „Zion" ist hier *das Volk Israel* gemeint:

„Jubelt, ihr Himmel, freue dich, Erde!
Brecht aus in Jubel, ihr Berge!
Denn GOTT hat sein Volk getröstet
und erbarmt sich der Elenden.
Aber Zion spricht: ‚GOTT hat mich
verlassen, die Macht über mein Leben
hat mich vergessen.‘
Kann eine Frau ihr Neugeborenes vergessen?
Sie erbarmt sich doch über ihr leibliches Kind.
Selbst wenn sie es vergäße,
ich vergesse dich nicht!“
(Jesaja 49,13–15; Bibel in gerechter Sprache)

Der biblische Gott hat *eine besondere Beziehung
zum Volk Israel*! Obwohl er immer wieder
von den Mächtigen enttäuscht wird, hat er
sich doch an Israel für immer gebunden.
So spricht Gott durch den Propheten Hosea:

„Wie kann ich dich preisgeben, ... Israel? ...
Umgewendet hat sich mein Herz
gegen mich selbst; heftig entbrannt
ist mein Bedürfnis zu trösten.“
(Hosea 11,8; Bibel in gerechter Sprache)

Und so auch im Jesajabuch. *Gott vergleicht sich
mit einer Mutter*, die ihr Kind in den Armen
wiegt und tröstet. Sie verspricht, ihr Volk wieder

in die Heimat zurückzubringen.
Und genau das ist unter dem Perserkönig Kyrius
dann auch geschehen!

Neben den Prophetinnen und Propheten gibt es
noch eine weitere Kraft, die im Namen Gottes
das Böse begrenzen und das Gute fördern soll,
das sind die Regeln Gottes,
die in den 5 Büchern Mose zusammengefasst sind
und Tora (= Weisung) genannt werden.

In den fünf Büchern Mose findet sich eine
umfangreiche Sammlung von *Regeln*
für alle Lebenslagen: Strafrecht, Sozialrecht,
religiöses Recht und Regeln zur Sexualität,
ja sogar zur Nahrungsaufnahme.
Schon auf der zweiten Seite der Bibel steht
geschrieben: Die *Würde* jedes Menschen ist
unantastbar, weil jeder Mensch von Gott
geschaffen und sein „Ebenbild" ist (1. Mose 1, 27).
Ein „Bild Gottes" zu sein, das war in den
umliegenden Ländern nur den Königen vor-
behalten. In Israel galt es für jeden Menschen!

Hauptperson dieser fünf Bücher ist der
Prophet Mose. Seine Geschichte beginnt mit den
dramatischen Ereignissen um seine Geburt
im 2. Buch und endet mit seinem Tod im 5. Buch.

Besonders herausragend ist seine
direkte Begegnung mit Gott (2.Mose 3),
von dem er sich widerwillig breitschlagen lässt,
ein Held zu werden. Im 2. Buch wird erzählt,
wie Gott den Mose zu einem brennenden
Dornbusch lockt, aus dem eine Stimme ertönt,
die ihn in Angst und Schrecken versetzt.
Dann teilt Gott ihm seinen geheimnisvollen
Namen mit: *„JHWH"*, was so viel bedeutet wie:

„Ich bin, der ich bin".

Dieser Name ist Juden bis heute so heilig, dass
sie ihn nicht aussprechen. Auch Martin Luther
hat in seiner Bibelübersetzung „JHWH" nur
durch *„HERR"* übersetzt, was sich rückwirkend
allerdings als nicht ganz so glücklich heraus-
gestellt hat, da viele Bibelleser deshalb dachten,
dass Gott ein Mann sein muss.

Das *2. Buch Mose* erzählt, wie Gott das Volk
Israel mit Hilfe des Mose aus der Gefangenschaft
in Ägypten *befreit*. Um den Menschen diese
Freiheit zu bewahren (Frank Crüsemann), gibt
Gott die berühmten zehn Gebote. Sie stehen
in der Bibel im 2. Buch Mose Kapitel 20,1–17
und im 5. Buch Mose Kapitel 5,6–18.

In den *ersten drei Geboten* geht es um das Verhältnis zwischen Gott und Mensch. Es gibt viele „Götter", die das Leben der Menschen bestimmen wollen, aber es gibt *nur einen, der wirklich unsere Freiheit will*, das ist der, der sie geschaffen hat (so erzählt das 1. Buch Mose). Das Bekenntnis zu diesem *einen Gott* ist der rote Faden, der sich durch alle Bücher der Bibel zieht und im 5. Buch Mose, Kapitel 6 Vers 4 seinen Ausdruck in zwei zentralen Sätzen findet:

> „Höre Israel! JHWH ist unser Gott,
> JHWH ist einzig!"

Von diesem einzigen Gott soll man sich aber *kein Bild machen*, denn Gott ist anders, als wir ihn uns vorstellen. Vor allem soll man ihn nicht mit etwas Materiellem verwechseln. In der Wüste hatte eine Gruppe der Israeliten einen kraftvollen Stier aus Gold als ihren Gott verehrt (2. Mose 32), und wir fragen uns, was wohl heute den Menschen heilig ist.

Das dritte Gebot fordert auf, mit *Gottes Namen respektvoll* umzugehen.

Das vierte Gebot ist dazu da, dass sich die Menschen nicht zu Tode arbeiten.

Israel war weit und breit das einzige Land,
in dem es als Zeichen der errungenen Freiheit
auch für Arbeitnehmer *einen ganzen Tag
in der Woche frei* gab.

Das fünfte Gebot legt Wert darauf, dass sich
Erwachsene um ihre *alt gewordenen Eltern*
kümmern, die sich nicht mehr selbst versorgen
können.

Das 6. Gebot *schützt das Leben*,
das 7. Gebot *schützt die Ehe*.

Die Gebote acht bis zehn sagen: Stiehl nicht,
setz keine Gerüchte in die Welt und sei nicht
neidisch auf den Besitz eines anderen.

Zum Weiterlesen:

Lesen Sie aus dem Prophetenbuch Jeremia
das erste Kapitel. Jeremia wird darin von Gott
zum Propheten berufen.
+ Warum will Jeremia kein Prophet sein?
+ Wie versucht Gott, ihn dennoch zu
  überzeugen?

Die zehn Gebote stehen zweimal in der Bibel,
im 2. Buch Mose Kapitel 20 und im 5. Buch Mose
Kapitel 5. Das Sabbatgebot – also das Gebot,
in der Woche einen Tag Pause zu machen –
wird unterschiedlich begründet.
+ Vergleichen Sie die beiden Begründungen
  miteinander.

Zum Weiterdenken:

+ Welche Regeln sind für Sie im Zusammen-
  leben besonders wichtig?

KAPITEL 4

Im Leiden
durchhalten –
ein großes
Theaterstück

IN DIESEM KAPITEL GEHT ES
UM DAS BUCH HIOB

45

Das *Buch Hiob* im Alten Testament
gehört für uns zu den *großartigsten Texten*
der Weltliteratur.
Es ist wie *ein Theaterstück aufgebaut*
und in acht Szenen erzählt.

Das *Thema*, das sich durch alle Szenen
hindurchzieht, ist eine Frage an uns
als Leserinnen und Leser:

„Wie sieht es mit der *Beziehung*
zwischen Dir und Gott aus,
wenn Dir alles weggenommen wird,
was Dir im Leben etwas bedeutet hat?"

Zu Beginn belauschen wir *ein Gespräch zwischen*
dem Satan und Gott im himmlischen Thronsaal:
Als Gott sich freut über den Menschen Hiob,
der sich vorbildlich verhält seinen Mitmenschen
und Gott gegenüber, da winkt der Satan ab:

„Das macht der Hiob doch nur,
weil Du so gut für ihn gesorgt hast.
Es ist einfach, ein *vorbildliches Leben*
zu führen, wenn Du *reich bist* und
der Segen Gottes auf deinem Leben liegt.
Aber *nimm ihm* seinen Reichtum und
seine Kinder und seine Gesundheit weg,

dann wird er Dich verfluchen.
Denn die Menschen glauben nur
so lange an Dich,
solange Du ihnen Glück im Leben schenkst!"

Aber Gott hält an der Redlichkeit des Hiob fest.
Er ist von Hiob absolut überzeugt.
Gott antwortet:

„Hiob glaubt an mich um meinetwillen.
Seine Beziehung zu mir ist ihm wertvoll,
unabhängig davon,
ob es ihm gut geht oder nicht!"

Der Satan antwortet:

„Die Menschen nutzen Dich nur aus, Gott.
Du bist nur so lange interessant,
wie der Mensch einen Vorteil von Dir hat."

Wer wird Recht behalten?
Der Satan drängt: „Nur der *Versuch macht klug*",
und so erlaubt Gott dem Satan,
Hiob auf die Probe zu stellen.

Was nun folgt, ist eine tiefgründige Auseinandersetzung mit *dem Leid* des Menschen und *seiner
Religiosität.*

Dem Hiob wird *wirklich alles* weggenommen,
was ihm im Leben etwas bedeutet! Ihn trifft,
Schlag auf Schlag, eine *„Hiobsbotschaft"* nach
der anderen.
Schwerste Schicksalsschläge, Tod der Kinder,
unverschuldete Not, extremes Leid.

Es kommt so hart, dass *selbst seine Ehefrau*
ihm angesichts seines Elendes
nur noch einen Rat geben kann:

> *„Verfluche Gott und stirb!"*

Damit schlägt sie sich unwissentlich auf *die Seite
des Satans*, der ja genau das vorhergesagt hat:
„Für den Menschen lohnt sich Gott nur so
lange, wie er ihm Nutzen bringt!" Satan scheint
zu siegen.

Aber Hiob bleibt standhaft und antwortet seiner
Frau mit dem berühmt gewordenen Wort:

> *„Haben wir Gutes empfangen von Gott
> und sollten das Böse nicht auch annehmen?!"*

Danach besuchen Hiob *seine Freunde*.
Sie machen sich wortreich darüber Gedanken,
warum gerade ihn dieses Leid getroffen hat.

Es scheint dem Menschen eigen zu sein, *immer einen Grund* für das Leiden finden zu wollen.
Und seine Freunde haben ihre Lösung gefunden:

Hiob muss etwas *Böses* getan haben in seinem Leben, wenn Gott ihn so hart bestraft.
Hiob hat sein Leiden verdient! (Hiob 34,11)

> *„Erfolg* ist ein Segen Gottes,
> *Leid* seine Strafe.
> Selbst schuld!", sagen sie.

Als Leserinnen des Hiobbuches, als Zuschauer der ersten Szene wissen wir, dass das *nicht stimmt!*
Hiob wird ja gerade im ersten Akt *wegen seines rechtschaffenen Lebens von Gott gelobt* und *vom Satan gepeinigt!*
Aber die erste Szene haben seine Freunde ja nicht gesehen oder gelesen. Wir wissen mehr als sie. Und mit einem Schuss *bitteren Humors* teilt Hiob seinen Freunden mit:

> „Wahrhaftig, ihr seid *so* klug.
> Mit Eurem Tod müsste auch die Weisheit sterben." (Hiob 12,2)

Hiob widerspricht seinen Freunden und *beteuert* bitter und verzweifelt *seine Unschuld.*

Nun auch noch von seinen Freunden
unverstanden, fühlt er sich völlig allein.
Er ist in eine Lage gekommen,
in der er Gott nicht mehr verstehen kann.
Gottes Wege sind ihm dunkel geworden!
Was gibt ihm *die Kraft* weiterzuleben?
Was gibt *ihm die Kraft,* weiter an Gott
festzuhalten?

Er ist müde, er ist depressiv. In seinem Schmerz
und mit der ganzen *Kraft seiner Verzweiflung*
wendet sich Hiob an Gott selbst.

Er *klagt* ihm seine Situation. Sein Blick hat sich
verengt, er ist nur noch *auf sein eigenes Leiden
fixiert.* Und er schreit es Gott ins Gesicht
(Hiob 14,1–6):

> „*Was ist denn der Mensch,*
> von einer Frau geboren?
> Sein *Leben ist nur kurz,* doch voller *Unruhe.*
> Wie *eine Blume* blüht er und *verwelkt,*
> so wie *ein Schatten* ist er plötzlich fort.
> Und trotzdem *beobachtest Du, Gott,*
> *ihn* mit Deinen Augen,
> und ziehst *mich* ins Gericht!
> Wer kann denn aus *Unreinem*
> etwas *Reines* machen? Kein Mensch!

Wenn schon seine Tage *bei Dir festgelegt* sind,
und die Zahl seiner Monate,
und *Du ihm* seine Grenzen setzt.
Dann *beobachte ihn* doch nicht noch zusätzlich,
lass ihn in Ruhe. Und gönne ihm doch –
nach des *langen Tages Mühe* –
wenigstens ein *bisschen* Lebensfreude!"
(eigene Übersetzung)

Hiob stellt Gott die Grundsatzfrage:

„*Was ist denn der Mensch?*"

Wie würden wir diese Frage beantworten?
Vielleicht etwas hoffnungsvoller
mit dem Sänger *Herbert Grönemeyer:*

„Und der Mensch heißt Mensch,
Weil er vergisst, weil er verdrängt
Weil er schwärmt und stählt
Weil er wärmt, wenn er erzählt
Weil er lacht, weil er lebt
Du fehlst (...)
Weil er irrt und weil er kämpft
Weil er hofft und liebt
Weil er mitfühlt und vergibt
Und weil er lacht, und weil er lebt,
Du fehlst."

Diese Vielfalt des Lebens ist Hiob genommen
worden. Und er macht – zu Recht – Gott dafür
verantwortlich.

Hiob kann *die Nähe Gottes* nur noch
schwer ertragen. Gott kommt ihm vor
wie ein *Aufpasser,*
der den Menschen wegen jeder Kleinigkeit
zur Verantwortung zieht *und dafür leiden* lässt.

Hiob fragt Gott *resigniert,* ob es den Menschen
überhaupt möglich sein kann, gottgemäß
zu leben. Denn wenn man genau hinschaut,
wird man bei jedem Menschen Fehler finden.

So klagt Hiob zu Gott. Hiob klagt Gott an.
Wenn Gott ihm nicht hilft, kann er ihn dann
nicht wenigstens in Ruhe lassen?
Ja, das ist die letzte Hoffnung des Hiob:
dass Gott ihn endlich in Ruhe lässt!

Wer bislang meinte, Glauben bedeute,
Unglück, Leid und Traurigkeit wortlos
als „gottgewollt" hinzunehmen,
der *kann von Hiob*
etwas ganz Entscheidendes lernen,
nämlich wie *wichtig die Kraft zur Klage* ist!

Zu Gott, vor Gott, gegen Gott
dürfen und können wir *klagen.*
Wir dürfen *so offen mit Gott* reden wie Hiob.
Wir dürfen auch *unfair* mit Gott reden,
wir dürfen Gott in unserem Schmerz sogar
anschreien und *zurückweisen:*
„Lass mich in Ruhe, Gott!"

„*Gott hält das aus*"! (Andrea Knauber)

Wie geht das Theaterstück zu Ende?
Behält der Satan Recht mit seinem Blick
auf uns Menschen:

„Die Menschen glauben nur,
solange es ihnen gut geht?"

Behalten die Freunde Hiobs Recht
mit ihrer Weisheit:

„Wer leidet, der ist *selbst schuld?*"

Gott und Hiob gehen einen anderen Weg
miteinander. In der letzten Szene zeigt sich,
dass Hiob *gerade in seiner Klage* Gott treu
geblieben ist.
Und auch Gott bleibt Hiob treu.
Er zeigt ihm die Größe des Universums

und bittet ihn zu akzeptieren, dass der Mensch
einfach vieles nicht begreifen kann.

Gott stellt sich dann auf Hiobs Seite
und gibt ihm Recht und den Freunden Unrecht:
„Dein Leid, Hiob, war keine Strafe!"
Und Gott *versucht* im Theaterstück *wiedergutzu-*
machen, was er dem Hiob angetan hat.
Hiob überwindet seine Depression
und erlebt erneut die *Gefühle von Freude,*
Glück, Freundschaft und *Dankbarkeit.*
Sein Leben ist *wieder lebenswert.*
So lautet denn auch der letzte Satz des Erzählers:

„Und Hiob starb alt und lebenssatt."

 Zum Weiterlesen:

+ Lesen Sie Hiobs Klage an Gott in Hiob 30,16–31.
Das Leiden des Menschen zieht sich
durch die ganze Bibel und ist auch
ein wichtiges Thema der Psalmen.
„Furchtbare Not schreit aus den Psalmen"
(Klara Butting).
+ Lesen Sie dazu Psalm 22.

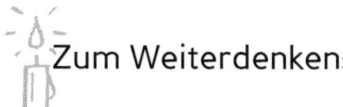 Zum Weiterdenken:

+ Beantwortet das Hiobbuch die Frage, *warum*
ein Mensch leiden muss?
+ Ersetzen Sie im Psalm 22 Vers 2 das Fragewort
„warum" durch die auch mögliche Übersetzung
„wozu". Macht das einen Unterschied?

KAPITEL 5

Von Jesus
erzählen
die Evangelien

MATTHÄUS, MARKUS, LUKAS
UND JOHANNES

Das Neue Testament beginnt mit den
vier „Evangelien".
Das griechische Wort *„Evangelium"*
heißt ins Deutsche übersetzt so viel wie:
„Gute Nachricht". In allen vier Evangelien
besteht die gute Nachricht darin,
dass Jesus *Gottes Liebe zu den Menschen* bringt.
Darum nennen die Evangelien Jesus auch
den „von Gott Gesalbten" (hebräisch: Messias,
griechisch: Christus) und den „Gottessohn".

Die Evangelien erzählen von dem Juden
Jesus aus Nazareth, der um das Jahr 30
vom Römer Pontius Pilatus zum *Tode am Kreuz*
verurteilt wird und den erlittenen Tod durch
seine Auferstehung überwindet.
Jesus ist ein *Dichter*, der in berührender Weise
von Gott erzählt. Er ist ein *Heiler* („Heiland"),
der Menschen körperlich und seelisch
gesund macht.

> „Mit den Klugen diskutiert er.
> Den Ungerechten begegnet er mit Härte.
> Den Zweifelnden gibt er Auskunft.
> Mit den Zornigen ist er geduldig.
> Die Traurigen richtet er auf.
> Den Verzweifelten schenkt er Hoffnung."
> (Nicole Hoffmann)

58

Mit ihm macht man erstaunliche Erfahrungen,
die Menschen dazu führt,
ihr Leben völlig umzukrempeln.
Jesus lehrt die Menschen,
auf Gott zu vertrauen
und ihre Mitmenschen zu lieben,
ja *selbst die Feinde zu respektieren.*
Ein Mensch, der an Gott glaubt, so sagt er,
möge immer versuchen, auf Böses *mit Gutem
zu reagieren* und auf Gewalt gegen Menschen
ganz zu verzichten.

Er legt die Heiligen Schriften aus, in einer Art,
die überzeugt, aber auch Widerstand hervorruft.
Er spricht von der *Gegenwart Gottes* in
der Welt, seiner „Königsherrschaft", seinem
„*Gottesreich*", das sich ganz durchsetzen wird.

Ein Erzählbeispiel
aus dem Matthäusevangelium:

Als Jesus die Menschenmenge sah, stieg er auf
einen Berg („Bergpredigt") und setzte sich.
Seine Jünger traten zu ihm. Dann begann er
zu reden und lehrte sie, was Gott jetzt von
seinem Volk verlangt.

Er sagt:

"*Freuen* dürfen sich alle,
die nur noch von Gott etwas erwarten –
mit Gott werden sie leben
in seiner neuen Welt.
Freuen dürfen sich alle,
die unter dieser heillosen Welt leiden –
Gott wird ihrem Leid ein Ende machen.
Freuen dürfen sich alle,
die unterdrückt sind und
auf Gewalt verzichten –
Gott wird ihnen die Erde zum Besitz geben.
Freuen dürfen sich alle,
die danach hungern und dürsten,
dass sich auf der Erde Gottes gerechter Wille
durchsetzt –
Gott wird ihren Hunger stillen.
Freuen dürfen sich alle,
die barmherzig sind –
Gott wird auch mit ihnen barmherzig sein.
Freuen dürfen sich alle,
die im Herzen rein sind –
sie werden Gott sehen.
Freuen dürfen sich alle,
die Frieden stiften –
Gott wird sie als seine Söhne und Töchter
annehmen."
(Kapitel 5,1–9; Gute Nachricht)

Das Matthäusevangelium beginnt mit
der Geburt Jesu. Das Thema „Gerechtigkeit"
spielt eine zentrale Rolle. Die Menschen,
die sich für ihre Mitmenschen selbstlos einsetzen,
werden von Gott belohnt.

Ein Erzählbeispiel
aus dem Markusevangelium:

„Jesus zog mit seinen Jüngern weiter
in die Dörfer bei Cäsarea Philippi.

Unterwegs fragte er sie:
‚Für wen halten mich eigentlich die Leute?'

Die Jünger gaben zur Antwort:
‚Einige halten dich für den wieder
auferstandenen Täufer Johannes,
andere halten dich für den wieder-
gekommenen Elija,
und noch andere meinen,
du seist einer von den alten Propheten.'

‚Und ihr', wollte Jesus wissen,
‚für wen haltet ihr mich?'

Da sagte Petrus:
‚Du bist der Christus,
der versprochene Retter!‘

Aber Jesus schärfte ihnen ein,
mit niemandem darüber zu reden."
(Kapitel 8,27–30; Gute Nachricht)

Das Markusevangelium diente Matthäus und
Lukas als Vorlage. Im ersten Satz nennt es seine
Art, von Jesus zu erzählen, „Gute Nachricht"
und gibt damit allen vier Evangelien ihren
Namen.
Das Markusevangelium schweigt über die
Kindheit Jesu und beginnt mit der Taufe des
erwachsenen Jesus durch Johannes den Täufer.
Es stellt die Frage, wer Jesus eigentlich ist.
Diese Frage wird von Petrus
in seinem Bekenntnis beantwortet.

Ein Erzählbeispiel
aus dem Lukasevangelium:

„Eines Tages waren wieder einmal alle
Zolleinnehmer und all die anderen,
die einen ebenso schlechten Ruf hatten,

bei Jesus versammelt und wollten ihm zuhören.
Die Pharisäer und die Gesetzeslehrer murrten
und sagten: ‚Er lässt das Gesindel zu sich!
Er isst sogar mit ihnen!'
Da erzählte ihnen Jesus folgendes Gleichnis:

Stellt euch vor, eine Frau hat zehn Silberstücke
und verliert eins davon. Zündet sie da nicht
eine Lampe an, fegt das ganze Haus und
sucht in allen Ecken, bis sie das Geldstück
gefunden hat? Und wenn sie es gefunden hat,
ruft sie ihre Freundinnen und Nachbarinnen
zusammen und sagt zu ihnen: ‚Freut euch
mit mir, ich habe mein verlorenes Silberstück
wiedergefunden!'

Ich sage euch: Genauso freuen sich die Engel
Gottes über einen einzigen Sünder, der ein
neues Leben anfängt."
(Kapitel 15,1–3.8-10; Gute Nachricht)

Das Lukasevangelium erzählt viele „Gleichnisse"
Jesu. Es berichtet ausdrücklich von *Frauen*,
die Jesus nachfolgen oder mit ihm befreundet
sind. *Reichtum* wird deutlich kritisiert.
Jesus setzt sich besonders für *gesellschaftliche
Außenseiter* ein und versucht, sie für Gott zu
gewinnen.

Ein Erzählbeispiel
aus dem Johannesevangelium:

„Am Anfang war das Wort.
Das Wort war bei Gott,
und in allem war es Gott gleich.
Von Anfang an war es bei Gott.
Alles wurde durch das Wort geschaffen;
und ohne das Wort ist nichts entstanden.
In Ihm war das Leben,
und dieses Leben war das Licht
für die Menschen.
Das Licht strahlt in der Dunkelheit,
aber die Dunkelheit hat sich ihm verschlossen.
Er, das Wort, war schon immer in der Welt,
die Welt ist durch ihn geschaffen worden,
und doch erkannte sie ihn nicht.
Er kam in seine eigene Schöpfung,
doch seine Geschöpfe, die Menschen,
wiesen ihn ab.
Aber allen, die ihn aufnahmen
und ihm Glauben schenkten,
verlieh er das Recht,
Kinder Gottes zu werden."
(Kapitel 1,1–5.10–12; Gute Nachricht)

Das Johannesevangelium sieht in Jesus *Gott selbst*,
der zu den Menschen kommt, um sie für sich zu

gewinnen. Jesus ist für die Menschen
wie frisches *Wasser* und tägliches *Brot*,
er ist der *Weg*, der zu Gott führt.
Auf ihn soll man hören und ihm nachfolgen.
Jesus ist das *Wort Gottes*.

Ein *besonderes Markenzeichen* Jesu sind
seine *Gleichnisse*, kurze erfundene bildhafte
Erzählungen mit einer Überraschung, die sich
von ihrem Ende her erschließen.
Jesus leitet sie meist mit dem Satz ein:
„Das *Reich Gottes* gleicht ...", und dann folgt
eine Geschichte aus dem Alltag
seiner Zuhörerinnen und Zuhörer.

Die Themen sind: „Der Bauer und seine Knechte,
die backende Hausfrau, die Nachbarn im Dorf,
Hausbau und Fischfang, das Spiel der Kinder,
Handel und Weinbau, Richter und Gericht"
(Hans Conzelmann).
Gottes Wirken findet also *im Alltag* statt,
es ist auch von Menschen verstehbar, die weder
schreiben noch lesen können, aber backen,
fischen und bauen.

Jesus versucht, seine Hörerinnen und Hörer
mit in die kleinen Geschichten hineinzuziehen
und mit Gott in Verbindung zu bringen.

Jesus erzählt Gott:

„Es war einmal *ein Vater*,
der hatte zwei Söhne.
Und eines Tages sagte der Jüngere zu ihm:
,Vater, ich bin dein Erbe. Gib mir, schon jetzt,
den Teil deines Vermögens, der mir gehört.'
Und der Vater teilte das Gut
unter den Kindern.
Nur wenige Tage vergingen,
da machte der Sohn sein Erbe zu Geld,
verließ das Elternhaus,
zog in die weite Welt hinaus
und vergeudete dort sein ganzes Vermögen:
verschleuderte alles, in einem ehrlosen Leben.
Und als er nichts mehr hatte,
keinen einzigen Groschen,
da kam die Hungersnot über das Land,
und er lebte in großer Not."

Jesus beginnt sein Gleichnis mit einer *Alltags-
situation*, die die Zuhörer gut kennen:
Nur der Älteste bleibt auf dem Hof zurück.
Der Jüngste muss gehen. Da das Land Israel
klein ist, geht er ins Ausland.
Doch dort hat er kein Glück.
Und dann kommt auch noch eine Hungersnot.
Jetzt geht es ihm richtig schlecht.

„Da *verdingte er sich* bei einem Gutsherrn,
einem Bürger des Lands, der schickte ihn
auf seine Felder: ‚Hüte die Schweine!'
Er aber hatte Hunger
und beneidete die Tiere um ihren Fraß:
‚Ach, hätte ich doch Futter wie sie!',
und die Schoten, die Früchte des Johannis-
brotbaums, schienen ihm köstlich;
aber niemand gab ihm zu essen."

Für einen Juden ist es eine *große Demütigung*,
die Schweine zu hüten. Juden essen selbst
kein Schweinefleisch, weil das Fleisch Ursache
für schwere Krankheiten sein kann und deshalb
als unrein gilt.
In diesem Gleichnis ist der Mann nun ganz
unten. Er hungert und *hat alles verloren*, sein
Geld, seine Selbstachtung und seine Religion.

„*Da kam der Sohn zu sich* und dachte:
‚Wie viele Arbeiter im Gut meines Vaters
haben mehr Brot, als sie brauchen,
und ich gehe elend zugrunde und
sterbe vor Hunger.
Ich will mich auf den Weg machen
und *heimkehren zu meinem Vater*:
denn ich habe Unrecht getan, Vater,
gegen den Himmel und vor deinem Angesicht,

und ich verdiene nicht mehr,
dass du mich Sohn nennst.
Lass mich Tagelöhner sein bei dir!'"

Aus reiner Verzweiflung heraus fasst er den
Entschluss, wieder nach Hause zu gehen.
Der jüngere Sohn legt sich seine Worte zurecht,
weiß, wie er den Vater vielleicht dazu bewegen
kann, ihn auf dem Hof aufzunehmen, der doch
bereits seinem Bruder gehört.

> „Und *er kehrte nach Hause zurück*,
> und *der Vater* sah ihn von Weitem,
> wie er näher kam,
> und sein Herz zog sich zusammen,
> er lief, so schnell er konnte, winkte dabei,
> fiel dem Sohn um den Hals, küsste ihn
> und hatte ihn lieb."

Der Sohn sagt noch sein Sprüchlein auf.
Doch der Vater ist so gütig, dass er ihn
durch einen Ring – für alle sichtbar – wieder
in den Status als Sohn einsetzt. Und es kommt
noch besser: Es wird ein großes Fest gefeiert.

> „Denn mein Kind hier war tot
> und ist lebendig geworden;
> es ging verloren und ist wiedergefunden."

Hier könnte das Gleichnis zu Ende sein. *Ja, so ist Gott:* der versöhnende Vater, der auch die verlorenen Kinder wieder bei sich aufnimmt. Ja, so ist Gott! Aber *das Ende der Geschichte ist offen.* Denn es gibt da noch einen anderen Erben. Und damit sind wir ganz in unseren Geschwistergeschichten. Beim Neid zwischen den leiblichen Geschwistern und bei den Verwerfungen unter den religiösen Geschwistern.

> „Der ältere Sohn aber war auf dem Feld,
> bei der Arbeit, und als er nach Hause kam,
> hörte er von Weitem Tanz und Musik,
> Gelächter und Jauchzen
> und fragte einen der Knechte: ‚Dieses Fest,
> was soll das bedeuten?'"
> (Lukas 15,11–26 in der Übersetzung von Walter Jens)

Das Ende bleibt offen. Wie wird sich der ältere Sohn des Vaters seinem jüngeren Bruder gegenüber verhalten? Damals gingen die Zuhörer Jesu nachdenklich und vielleicht auch ärgerlich nach Hause, heute müssen wir als Leserinnen und Leser unseren Schluss selbst schreiben.

Und das ist das Geheimnis der Gleichnisse: Wie die Erzählungen wirklich ausgehen, dass ist unsere Angelegenheit.

Zum Weiterlesen:

Lesen Sie den Schluss des Gleichnisses
„Vom verlorenen Sohn" aus Lukas 15,
die Verse 27–32.
+ Wie wird sich der ältere Sohn dem jüngeren
  Bruder gegenüber verhalten?
Lesen Sie das 2. *Kapitel des Matthäusevangeliums*
und das 2. *Kapitel des Lukasevangeliums.*
Beide erzählen über die Geburt Jesu
(also von „Weihnachten"), aber jeder aus
einer anderen Perspektive.
+ Worin liegen die Unterschiede und
  worin die Gemeinsamkeiten?

Zum Weiterdenken:

„Heilige Schriften" waren für Jesus die Texte
des Alten Testaments. Erst 200 Jahre nach Jesu
Geburt fand eine *Auswahl der Texte* statt,
die für die Christen zusätzlich wichtig wurden,
darunter die vier Evangelien. Daraus entstand
das „Neue Testament". Man hätte sich bei
dieser Auswahl auch für nur ein Evangelium

entscheiden und die anderen drei weglassen können.

+ Aus welchen Gründen hat man das wohl nicht getan?

Informieren Sie sich über die *Geschichte der Entstehung der Bibel*.

+ Geben Sie in das Suchprogramm Ihres Computers „Zeittafel zur Bibel – Deutsche Bibelgesellschaft" ein.

KAPITEL 6

Ein Päckchen Briefe

DER 1. KORINTHERBRIEF

DER GALATERBRIEF

DER PHILEMONBRIEF

DER 1. JOHANNESBRIEF

DER BRIEF DES JAKOBUS

Die moderne Form des Briefes ist die E-Mail.
Handgeschriebene Briefe bekommt man
(leider) nur noch selten. Auch wenn wir heute
meist E-Mail-Briefe schreiben, bleibt doch
der *Briefaufbau* der gleiche: Zuerst steht oben
der *Absender*. Wir beginnen unseren Brief dann
mit einer *Anrede*: „Hallo, Andrea".
Dann kommt meistens ein Abschnitt, in dem
wir erklären, *warum* wir diesen Brief schreiben:
„Ich habe nochmal über unser Gespräch nach-
gedacht ..." Dann folgt der *eigentliche Inhalt*:
„... darum möchte ich dich gerne besuchen.
Wann hast du Zeit?" Zuletzt kommt noch
ein *Gruß*: „Herzliche Grüße, Petra". Genauso
sind die Briefe in der Bibel auch aufgebaut.

Warum schreiben wir E-Mail-Briefe? Weil wir
mit einem Menschen Kontakt aufnehmen
wollen, der nicht in unserer Nähe ist.
Die *räumliche Distanz überwinden* wir, indem
wir sie oder ihn mit unserem Handy anrufen,
eine kurze Nachricht per SMS schicken,
eine längere per E-Mail
oder eine handgeschriebene per Post.

Im ersten Jahrhundert nach Christi Geburt
fielen Handy und E-Mail noch aus. Es gab
noch keine Autos und Flugzeuge, um schnell

irgendwo hinzukommen. Man brauchte Tage, manchmal Wochen, um jemanden zu erreichen. Der Brief war in der Zeit der Trennung die einzige Möglichkeit, *miteinander in Kontakt zu bleiben.* Heute kaum noch vorstellbar, wo man sich per Skype sogar beim Telefonieren anlächeln kann. Damals schrieb man Briefe auf Pergament oder auf Wachstafeln, und die Überbringung dauerte manchmal Wochen. Die meisten Briefe des Neuen Testamentes richten sich gleich an mehrere Personen, daher wurden sie in der Gemeinschaft *laut vorgelesen* (Peter Müller) und wahrscheinlich nach dem Lesen auch lebhaft besprochen.

Briefe kommen bereits im Alten Testament vor, wie der Bericht von David und Uria gezeigt hat (siehe Kapitel 1).
Im Neuen Testament treffen wir auf eine ganze Sammlung von insgesamt *21 Briefen.* Dreizehn davon tragen den Apostel Paulus als Absender, der zunächst ein heftiger Christenverfolger war und später selbst Christ wurde. Bekannt ist die Redewendung „vom Saulus zum Paulus werden", die diesen Wandel beschreibt.

Es gibt außer den Paulusbriefen noch zwei Briefe, die *Petrus* zugeschrieben werden,

drei dem *Johannes*, einer dem *Jakobus*
und einer dem *Judas*.
Ungewöhnlich ist der *Hebräerbrief*,
denn er hat keinen Absender.

Aus dem 1. Brief von Johannes, Kapitel 2,9–11

„Wer sagt, er lebt im Licht, hasst aber seinen
Bruder, der ist immer noch in der Finsternis.
Wer aber seinen Bruder und seine Schwester
liebt, der lebt wirklich im Licht.
Er bringt niemanden zu Fall und ist
für keinen eine Falle.
Wer aber seinen Bruder und seine Schwester
hasst, der wandelt und lebt in der Finsternis
und weiß nicht, wohin er geht;
denn die Finsternis hat ihn blind gemacht."
(Übersetzung: Hanns Dieter Hüsch)

Aus dem Brief von Jakobus, Kapitel 2,14–17

„Was hilft es, ihr Lieben, wenn jemand sagt,
er habe Glauben, ist fromm bis tief
in seine Seele, hat aber keine Werke?

Kann dieser Glaube ihn denn selig machen?
Wenn ein Bruder oder eine Schwester Not
leidet: Sie haben keine Kleidung, nichts zur
täglichen Nahrung – und jemand spricht
von euch zu ihnen: Geht hin in Frieden,
wärmt euch und esst euch satt!, ihr gäbet
ihnen aber nichts, was könnte ihnen helfen?
Worte, nichts als Worte! So ist auch der
Glaube ohne Werke tot in sich selber."
(Übersetzung: Hanns Dieter Hüsch)

In den Briefen werden oft Konflikte
angesprochen. Manchmal ist ein Brief voraus-
gegangen, auf den der Briefschreiber antwortet.
Wir kennen nur die Antwortbriefe.

Bei Paulus geht es immer auch um etwas Grund-
sätzliches. Wie sollen sich die Menschen in
den noch jungen christlichen Gemeinden
verstehen? Was hält sie zusammen? Worin
unterscheiden sie sich von der Gesellschaft,
in der es nicht nur Arm und Reich gibt, sondern
auch unterschiedliche Nationalitäten und
Abhängigkeiten. Und was verändert sich durch
die Taufe?

Für Paulus steht jedenfalls fest:
„Jeder wird gebraucht!"

Aus dem ersten Brief von Paulus
an die Korinther, Kapitel 12,12–27

„So wie unser Leib aus vielen Gliedern
besteht und diese Glieder einen Leib bilden,
so besteht auch die Gemeinde Christi
aus vielen Gliedern
und ist doch ein einziger Leib."
(Übersetzung: Gute Nachricht)

Paulus beginnt mit einem Bild, das auch uns
vertraut ist: Eine christliche Gemeinschaft
ist *wie ein menschlicher Körper*, der aus ganz
unterschiedlichen Gliedern besteht:

„Wir haben alle denselben Geist empfangen
und gehören durch die Taufe zu dem einen
Leib Christi, ganz gleich, ob wir nun Juden
oder Griechen, Sklaven oder Freie sind;
alle sind wir mit demselben Geist erfüllt."

Die Grundlage für die Gemeinschaft bildet
die Taufe. Durch die Taufe verändern sich zwar
nicht die Unterschiede, die in der Gesellschaft
bestehen. Aber in der Gemeinde spielen
diese Unterschiede keine Rolle mehr.
Um das zu verdeutlichen, geht Paulus auf
das *Bild des Körpers* noch weiter ein:

„Nun besteht ein Körper aus vielen einzelnen
Gliedern, nicht nur aus einem einzigen.
Selbst wenn der Fuß behaupten würde: ‚Ich
gehöre nicht zum Leib, weil ich keine Hand
bin!‘, er bliebe trotzdem ein Teil des Körpers.
Und wenn das Ohr erklären würde: ‚Ich bin
kein Auge, darum gehöre ich nicht zum Leib!‘,
es gehörte dennoch dazu.

Angenommen, der ganze Körper bestünde
nur aus Augen, wie könnten wir dann hören?
Oder der ganze Leib bestünde nur aus Ohren,
wie könnten wir dann riechen?

Deshalb hat Gott jedem einzelnen Glied
des Körpers seine besondere Aufgabe gegeben,
so wie er es wollte. Was für ein sonderbarer
Leib wäre das, der nur einen Körperteil hätte!
Aber so ist es ja auch nicht, sondern viele
einzelne Glieder bilden gemeinsam den einen
Leib.“

Paulus muss *viel Humor* gehabt haben.
Er treibt in seinem Vergleich die Frage nach der
Bedeutung der gesellschaftlichen Unterschiede
auf die Spitze: Besteht ein Körper nur aus Augen
oder nur aus Ohren? *Vielfalt* ist nicht nur
erwünscht, sondern auch gewollt.

Und gerade die Teile des Körpers, die schwach und unbedeutend erscheinen, werden besonders wichtig:

> „Wenn uns an unserem Körper etwas nicht gefällt, dann geben wir uns die größte Mühe, es schöner zu machen; und was uns anstößig erscheint, das kleiden wir besonders sorgfältig. Denn was nicht anstößig ist, muss auch nicht besonders bekleidet werden. Gott aber hat unseren Leib so zusammengefügt, dass die unwichtig erscheinenden Glieder in Wirklichkeit besonders wichtig sind. Unser Leib soll eine Einheit sein, in der jedes einzelne Körperteil für das andere da ist."

Paulus zeigt, dass er die Kultur des Briefeschreibens gut beherrschte. Am eigenen Körper ist erkennbar, dass bestimmte Körperteile besonderen Schutz brauchen und der Körper nur dann funktioniert, wenn jedes Glied in seiner Funktion besondere Wertschätzung erhält. Ja, wirklich jeder ist wichtig. Und deshalb ist die *Last der Einzelnen* eine Last, die alle tragen sollen, und das *Glück der Einzelnen* eine Freude, die von allen empfunden wird.

Und so schließt Paulus den Abschnitt
des Briefes mit den Zeilen, die uns bis heute
Gänsehaut bereiten:

> „Leidet ein Teil des Körpers,
> so leiden alle anderen mit,
> und wird ein Teil geehrt,
> freuen sich auch alle anderen.
> Ihr alle seid der eine Leib Christi,
> und jeder Einzelne von euch gehört
> als ein Teil dazu."

Zum Weiterlesen:

Lesen Sie den kürzesten Paulusbrief,
den Brief an Philemon:
Onesimus ist ein entlaufener Sklave. Ihm gibt
Paulus diesen Brief an dessen Herrn Philemon
und Herrin Aphia mit. Er bittet die beiden,
Onesimus wieder aufzunehmen.

+ Wie versucht Paulus, die beiden zu überzeugen?
Informieren Sie sich über den Wandel des
Paulus vom Christenverfolger zum Christen
in der Apostelgeschichte Kapitel 9.

+ Lesen Sie dazu auch seine eigene Darstellung
  im Galaterbrief Kapitel 1,11 bis 24.

Zum Weiterdenken:

+ Wie haben Philemon und Aphia dem Paulus
  wohl auf seinen Brief geantwortet?

KAPITEL 7

Apokalypse
und
die Erwartung
einer
neuen Zeit

Das letzte Buch der Bibel trägt den Titel: *Offenbarung.* Im griechischen Original heißt dieses Buch „*Apokalypse*", das so viel bedeutet wie: „*Enthüllung*". Tatsächlich geht es in diesem langen „*Brief* des Johannes" an sieben Gemeinden in Kleinasien um nichts Geringeres, als um die Enthüllung der nahe bevorstehenden zukünftigen Ereignisse, die auch den *Untergang der bekannten Welt* bedeuten.

Im 5. Kapitel der Offenbarung wird *Jesus* mit einem Löwen verglichen. Dieses Bild hat den englischen Schriftsteller C.S. Lewis dazu inspiriert, in seinen berühmt gewordenen „Chroniken von Narnia" *Jesus als den Löwen* Aslan auftreten zu lassen. Lewis, ein Meister der „Fantasy-Literatur", hat für seine siebte Narniaerzählung direkt Motive aus dem letzten Buch der Bibel übernommen.

Die *bildreichen Schilderungen* der Offenbarung sind der heutigen „*Fantasy-Literatur*" durchaus ähnlich, wenn es um „Drachen" (Kapitel 12), „die vier apokalyptischen Reiter"(Kapitel 6/Kapitel 19) und den letzten großen „Kampf von Gut gegen Böse" (Kapitel 17–20) geht, dem eine „große Zeit des Friedens" folgt (Kapitel 21).

Nur dieser Löwe, der zugleich ein geschlachtetes „Lamm" ist, ist in der Lage, das „Buch mit sieben Siegeln" zu öffnen, in dem sich die Zukunft der Menschheit offenbart (Kapitel 5). Das Lamm öffnet die Siegel, und Johannes wird von Jesus Christus selbst beauftragt und bevollmächtigt (Kapitel 1) aufzuschreiben, was geschehen wird. Doch bleibt diese Schilderung der nahen Zukunft in einer *geheimnisvollen Bildersprache* verschlüsselt.

Da ist zum Beispiel die *Zahl 666*, die zum „Tier aus der Erde" gehört und zugleich die „*Zahl eines Menschen*" ist (Kapitel 13,18). Zudem ist in den Kapiteln 17 bis 19 die Rede von der „*großen Hure Babylon*" der „Mutter der Hurerei und aller Gräuel auf der Erde".

Diese Stadt „Babylon" ist auf „sieben Bergen" errichtet (Kapitel 17,9), was eindeutig für die *Stadt Rom* spricht. Auf wen aber passt die Zahl 666, die ja die „*Zahl eines Menschen*" sein soll? Dazu muss man wissen, dass die Buchstaben des hebräischen Alphabets jeweils Zahlen entsprechen. In der Mitte des 1. Jahrhunderts nach Christus hat Kaiser Nero die Christen in der Stadt Rom brutal verfolgt. Auf ihn passt die *Zahl 666* (Ulrich B. Müller).

Zählt man die hebräischen Zahlenwerte der Worte *NERON QESAR* (*Kaiser Nero*) zusammen, kommt man genau auf die Zahl 666. (N=50/R=200/O=6/N=50/Q=100/S=60/R=200. Die Vokale E und A haben im hebräischen keinen Zahlenwert). Natürlich musste man Hebräisch kennen, um diese geheime Zahl zu entschlüsseln. Und so konnten Christen und Juden diese Geheimzahl entschlüsseln, während sie für die Verfolger ein Geheimnis blieb:

> „Hier ist Weisheit! Wer Verstand hat, der überlege die Zahl des Tieres; denn es ist die Zahl eines Menschen, und seine Zahl ist sechshundertundsechsundsechzig."
> (Offenbarung 13,18; Luther-Übersetzung)

Die geheime Botschaft der Johannesoffenbarung ist also der siegreiche *Kampf Gottes gegen die Weltmacht Rom*. Jesus Christus, der Löwe, wird diesen Kampf endgültig entscheiden und zum Guten wenden. Ein von Gott geschenkter neuer Himmel und eine neue Erde werden mit der neuen Stadt Jerusalem (die als Braut Christi bezeichnet wird) der Welt endgültigen Frieden bringen (Kapitel 21 und 22).

Die Apokalypse des Johannes *beginnt mit den Worten*: „Dies ist die Offenbarung Jesu Christi, die ihm Gott gegeben hat, seinen Knechten zu zeigen, *was in Kürze geschehen* soll" (1,1). Und sie endet mit dem Hinweis Christi: „Ja, ich komme *bald*!".

Zweifellos stand Johannes in der Erwartung, dass die Weltmacht Rom noch zu seinen Lebzeiten zerstört würde. *Er hat sich geirrt!* Seine Zukunftsvision von der Zerstörung Roms hat sich erst zu einem späteren Zeitpunkt erfüllt. Doch ist sein Buch ein Beispiel dafür geworden, wie man in einer Zeit der Verfolgung Widerstand leisten kann und Mut fasst, über die schlimmen Ereignisse hinaus eine Vision für die Zukunft zu eröffnen.

Johannes ist mit seiner Naherwartung kein Einzelfall, *das ganze Neue Testament atmet noch die Erwartung des nahen Endes* der Welt und der endgültigen machtvollen Durchsetzung Gottes durch die Wiederkunft Christi.

In seinem ältesten uns erhaltenen Brief, dem 1. Thessalonicherbrief Kapitel 4,15 schreibt Paulus: „... dass wir, die wir leben und übrig bleiben bis zur Ankunft des Herrn, denen nicht

zuvorkommen werden, die entschlafen sind."
So auch im 1. Korintherbrief 7,29: „Die Zeit ist
kurz!" und 1. Korinther 15,51: „Wir werden nicht
alle sterben, wir werden aber alle verwandelt
werden".
Auch Paulus lebte also in der Erwartung des
baldigen Endes der Geschichte. Ebenso lässt
auch das MATTHÄUS-EVANGELIUM Jesus sagen:

> „Denn es wird geschehen, dass der Menschen-
> sohn kommt in seiner Herrlichkeit seines
> Vaters mit seinen Engeln, und dann wird
> er einem jeden vergelten nach seinem Tun.
> Wahrlich, ich sage euch: Es stehen einige
> hier, die werden den Tod nicht schmecken,
> bis sie den Menschensohn kommen sehen
> in seinem Reich."
> (Matthäus 16,27–28)

Und das MARKUS-EVANGELIUM spricht davon,
dass die „Sterne vom Himmel fallen" werden
(13,25) und dass dies noch zu Lebzeiten der
Zuhörer Jesu geschehen wird (Markus 13,30).

Wir müssen feststellen: *Johannes, Paulus und
die Evangelien haben sich in ihrer Naherwartung
geirrt.* Zu ihren Lebzeiten kam Christus
nicht mehr, um Gottes neue Welt zu bringen!

Aber dennoch sind wir froh, dass sie diese Erwartung hatten! Denn sie haben *damals etwas empfunden* und geäußert, *das uns heute* in dramatischer Weise wieder beschäftigt:

die *reale Möglichkeit des Endes*, für den einzelnen Menschen und für die ganze Menschheit.

Entsprechend boomen heute die *Endzeitfilme.* Man denke nur an den *Film „Noah"*, der gerade in die Kinos kommt, als wir dieses Buch schreiben, oder an die Endzeitklassiker „The Day after", „Das letzte Ufer" oder *„Apokalypse now".*

Der *Untergang der Menschheit steht uns heute realistisch vor Augen.* Er kann durch eine Kombination von Umweltzerstörung, Naturkatastrophen und atomarem Feuer wirklich eintreten. Wir alle tanzen auf einem Vulkan.

Auch die Menschen in biblischer Zeit haben sich mit dem Ende der Welt auseinandergesetzt. Auch für sie war diese Möglichkeit ganz real geworden. Die Naherwartung in der Bibel lehrt uns etwas vom *„Mut zur Angst"* (Ulrich Körtner: Riskanter Glaube). Die biblischen Autoren stellten sich der Angst vor dem Ende! Sie hatten den Mut, an ein Leben zu glauben, das von Gott her

Sinn macht, „selbst noch angesichts der möglichen Selbstzerstörung der Menschheit".

Wir lassen uns gerne von der Offenbarung an die *große* jüdische und christliche Hoffnung erinnern, dass wir Menschen uns am Ende nicht im atomaren Feuer eines Krieges auflösen, sondern in die *liebenden Hände Gottes* aufgenommen werden, der die Welt zum Guten hin verwandelt.

Christen haben durch alle Generationen an dieser *Hoffnung* festgehalten, die Gott alles zutraut, selbst das Neuwerden unseres Lebens, das Neuwerden der ganzen Schöpfung!
Es ist die Hoffnung, „dass Gott diese Erde und die Menschheit nicht ihrem Schicksal überlässt, sondern es mit uns allen zu einem guten Ende führt" (Ulrich Körtner, Riskanter Glaube).

> „Und Gott wird *abwischen alle Tränen*
> von ihren Augen,
> und *der Tod wird nicht mehr sein,*
> *noch Leid* noch Geschrei
> *noch Schmerz* wird mehr sein;
> denn *das Erste ist vergangen.*
> Und der auf dem Thron saß, sprach:
> Siehe, ich mache alles neu!

Und er spricht:
Schreibe, denn diese Worte sind wahrhaftig
und gewiss!"
(Offenbarung 21,4–5; Luther-Übersetzung)

Zum Weiterlesen:

+ Lesen Sie aus der *Offenbarung Kapitel 5*.
  Darin geht es um das Lamm und das Buch
  (das sprichwörtliche mit den sieben Siegeln).

Die Bücher des Neuen Testamentes vertreten
zwar die Naherwartung, legen sich aber an
keiner Stelle auf einen genauen Zeitpunkt fest.
+ Lesen Sie *Apostelgeschichte 1, Verse 6 und 7*.

Zum Weiterdenken:

+ Kennen Sie religiöse Gruppen, die in naher
  Zukunft das Ende der Welt erwarten?
+ Wie ist das von der Bibel her zu beurteilen?

KAPITEL 8

Die Weisheit

SPRÜCHE SALOMOS
PREDIGER SALOMO

„Weisheit erwerben ist *besser als Gold*", so heißt
es im Buch der Sprüche 16,16.
Haben Sie in Ihrem Bücherschrank ein kleines
Büchlein mit *Lebensweisheiten*? Oder haben
Sie sich einige kurze markante Sprüche von
Ihrer Großmutter gemerkt? Unsere Oma pflegte
zum Beispiel zu uns zu sagen:
„Das Leben ist viel zu kurz, um sich zu streiten!"
Dahinter steckten siebzig Jahre Lebenserfahrung
und die Schrecken des Zweiten Weltkrieges.

Sprüche und Weisheiten, die das Leben einfacher
machen sollen, wenn man sie befolgt, sind in
der Bibel in dem Buch „DIE SPRÜCHE SALOMOS"
aufgeschrieben. Hier finden sich weise Worte zu
den Themen: Familie, Kindererziehung, Arbeit,
Reichtum, Alkohol, Glauben, Gemeinschaft,
Erziehung und Lebensklugheit (Hans Schwager).

Der *König Salomo* ging als Kind aus der Ehe der
schönen Batseba und dem König David hervor.
Er stand in dem Ruf, besonders klug zu sein.
Sprichwörtlich ist sein „Salomonisches Urteil"
(1. Könige 3,16–28).
Es wird erzählt, dass er sich von Gott weder ein
langes Leben noch Reichtum, sondern ein
„hörendes Herz" erbat. Daraufhin schenkt ihm
Gott ein „weises und verständiges Herz"

(1. Könige 3, 12). Ihm werden in der Bibel zahlreiche Worte zugeschrieben. Besonders bekannt geworden ist dieser Spruch:

„Wer anderen eine Grube gräbt,
fällt selbst hinein!"
(Sprüche 26,27)

Seine Weisheit sagt uns, dass es einen Zusammenhang gibt zwischen dem, was wir tun, und den Folgen, die sich daraus ergeben. *Unser Tun wirkt auf uns zurück* im positiven wie im negativen Sinne. Auf die negativen *Folgen unserer* bösen *Tat* weisen auch folgende Sprüche hin:

„Wer Unrecht sät, der wird Unglück ernten!"
(Sprüche 22,8; Luther-Übersetzung)

„Hochmut kommt vor dem Fall!"
(Sprüche 16,18; Luther-Übersetzung)

Durch ein *kluges Verhalten* kann man ein gutes Leben führen, hierzu einige Anregungen aus dem Buch der Sprüche:

„Sorge im Herzen bedrückt den Menschen; aber *ein freundliches Wort erfreut* ihn."
(Sprüche 12,25; Luther-Übersetzung)

„Wo viele Worte sind,
da geht's ohne Sünde nicht ab;
wer aber *seine Lippen im Zaum* hält,
ist *klug.*"
(Sprüche 10,19; Luther-Übersetzung)

Zu einem weisen Menschen gehören Mitgefühl
und Freigebigkeit.

„Wer dem Geringen Gewalt tut,
lästert dessen Schöpfer;
aber wer sich des Armen erbarmt,
der ehrt Gott."
(Sprüche 14,31; Luther-Übersetzung)

Zu diesem Wort schreibt der ehemalige Bundes-
präsident Johannes Rau:

„Wie sähe unsere Welt aus, im Inneren und
im Äußeren, wenn wir ein solches Wort
nicht bloß aus dem Hebräischen ins Deutsche,
sondern aus der Bibel in den Alltag
übersetzten, wenn wir es lebten?"
(Matthias Schreiber).

Die Weisheit in der Bibel ist mehr als nur weise
Worte. Sie ist von Gott schon vor der Schöpfung
der Welt geschaffen worden und wird uns

als Frau vorgestellt. *„Frau Weisheit"*
(Silvia Schroer) ist *Gottes Liebling*:

> „Der Herr hat mich schon gehabt im Anfang
> seiner Wege, ehe er etwas schuf, von
> Anbeginn her. *Ich bin eingesetzt von Ewigkeit
> her*, im Anfang, ehe die Erde war. Als die
> Meere noch nicht waren, ward ich geboren,
> als die Quellen noch nicht waren, die von
> Wasser fließen … da war *ich als sein Liebling
> bei ihm*; ich war seine Lust täglich und spielte
> vor ihm allezeit."
> (Sprüche 8,22–24.30; Luther-Übersetzung)

Die Weisheit ist nicht nur von Gott geschaffen,
um ihn zu erfreuen. *Sie ruft* auch die Menschen,
zu ihr zu kommen:

> „Ich wandle auf dem Wege der Gerechtigkeit,
> mitten auf der Straße des Rechts, dass ich
> versorge mit Besitz, die mich lieben, und ihre
> Schatzkammer fülle."
> (Sprüche 8,20–21; Luther-Übersetzung)

Auch im „BUCH DES PREDIGERS" geht es um Weisheit. Die bekannteste Stelle ist Prediger 3,1–12:
Alles hat seine Zeit!

„Alles, was auf der Erde geschieht,
hat seine von Gott bestimmte Zeit:
geboren werden und sterben,
einpflanzen und ausreißen,
töten und Leben retten,
niederreißen und aufbauen,
weinen und lachen,
wehklagen und tanzen,
Steine werfen und Steine aufsammeln,
sich umarmen und sich aus der Umarmung
lösen,
finden und verlieren,
aufbewahren und wegwerfen,
zerreißen und zusammennähen,
schweigen und reden.
Das Lieben hat seine Zeit
und auch das Hassen,
der Krieg und der Frieden.

Was hat ein Mensch von seiner Mühe und
Arbeit? Ich habe die fruchtlose Beschäftigung
gesehen, die Gott den Menschen auferlegt
hat. Gott hat für alles eine Zeit vorher-
bestimmt, zu der er es tut; und alles, was er
tut, ist vollkommen. Dem Menschen hat er
eine Ahnung von dem riesigen Ausmaß
der Zeiträume gegeben, aber von dem, was
Gott in dieser unvorstellbar langen Zeit tut,

kann der einzelne Mensch nur einen winzigen Ausschnitt wahrnehmen."

Und so liegt in den Weisheiten des Predigers
viel Erfahrung und auch Lebensklugheit,
die uns auch heute zu einem Leben im Hier und
Jetzt rät. Schieb nichts auf die lange Bank!
Und so wird deutlich, dass die Bibel keineswegs
ein genussfeindliches Buch ist. Zumindest der
Prediger kommt zu dem Schluss:

> „Ich bin zu der Erkenntnis gekommen:
> Das Beste, was der Mensch tun kann, ist,
> sich zu freuen und sein Leben zu genießen,
> solange er es hat."
> (Prediger 3,1–12; Gute Nachricht)

Zum Weiterlesen:

+ Lesen Sie *Sprüche 31,1–9*.
+ Stammen im Buch der *Sprüche* alle Sprüche von Salomo?
+ Wie soll ein König mit Alkohol umgehen?

Zum Weiterdenken:

+ Teilen Sie die Auffassung des biblischen Buches „Die Sprüche Salomos", dass es dem guten Menschen im Leben gut geht und dem bösen Menschen schlecht?

KAPITEL 9

Widersprüche
und
innerbiblische
Gespräche

In seinem Buch „Schriftstücke" zählt der Professor für Altes Testament, Jürgen Ebach, eine Auswahl bekannter *Widersprüche* auf, die sich in einzelnen biblischen Büchern finden:

> „Die biblische Flutgeschichte lässt bald je ein Paar aller Tiergattungen in Noahs Arche sein, bald von den reinen je sieben."

> „So hat nach Johannes 3,22.26 Jesus selbst getauft, gleich im nächsten Kapitel desselben Evangeliums steht, er habe es nicht getan (Johannes 4,2)."

> „Von der Schöpfung ist am Anfang zweimal die Rede – ähnlich, doch nicht gleich und in Einzelheiten widersprüchlich."

Schauen wir uns diese Widersprüche einmal genauer an:

Im 1. Buch Mose Kapitel 6 Vers 19 lesen wir, wie Gott in der *Flutgeschichte* zu Noah spricht:

> „Und du sollst in die Arche bringen *von allen* Tieren, von allem Fleisch, *je ein Paar*, Männchen und Weibchen, dass sie leben bleiben mit dir."

Im 1. Buch Mose Kapitel 7 Vers 2 spricht Gott aber zu Noah:

> „Von allen reinen Tieren nimm zu dir *je sieben*, das Männchen und sein Weibchen, von den unreinen Tieren aber *je ein Paar*, das Männchen und sein Weibchen. Desgleichen von den Vögeln unter dem Himmel *je sieben*, das Männchen und sein Weibchen."

Hat Noah also immer je ein Paar oder bei manchen Tieren auch sieben auf seine Arche mitgenommen? Beides steht gleichwertig nebeneinander!

Nun zur *Taufe Jesu*: Im Johannesevangelium Kapitel 3 heißt es:

> „Danach kam Jesus mit seinen Jüngern in das Land Judäa und blieb dort eine Weile und taufte."

Im Johannesevangelium Kapitel 4 steht dagegen:

> „Als nun Jesus erfuhr, dass den Pharisäern zu Ohren gekommen war, dass er mehr zu Jüngern machte und taufte als Johannes – obwohl Jesus nicht selbst taufte, sondern

seine Jünger –, verließ er Judäa und ging wieder nach Galiläa."

Hat Jesus also nun getauft, oder hat er nicht getauft? Beides steht gleichwertig nebeneinander!

Das dritte Beispiel betrifft die beiden Schöpfungsberichte gleich zu Beginn der Bibel, im 1. Buch Mose. In dem ersten Schöpfungsbericht werden *erst die Pflanzen* geschaffen, dann die Tiere und dann die Menschen (1. Mose 1,1–2,4). In dem zweiten Schöpfungsbericht wird *erst der Mensch* geschaffen, dann folgen die Pflanzen und dann die Tiere (1. Mose 2,4–25).

Ist also der Mensch vor den Pflanzen geschaffen worden, oder schuf Gott die Pflanzen vor den Menschen? Beides steht gleichwertig nebeneinander!

Ebach macht sich dazu folgende Gedanken: Man solle nicht meinen, die biblischen Autoren „hätten jene Spannungen, Wiederholungen und Widersprüche nicht bemerkt". Sie gaben „bewusst mehreren Überlieferungen Raum", „statt eine eindeutige, widerspruchslose Fassung zu erstellen".

Diese Erkenntnis Ebachs ist uns nun sehr wichtig geworden: In biblischen Texten stehen Widersprüche *gleichberechtigt* nebeneinander und werden absichtlich nicht geglättet. *Widersprüche dürfen sein!* Sie wurden ganz bewusst überliefert.

Die Bibel ernst zu nehmen bedeutet, gerade die Widersprüche stehen zu lassen.

So wie es in einzelnen biblischen Büchern Widersprüche gibt, so gibt es auch ein *„innerbiblisches Gespräch"* zwischen den Büchern!

Da ist zum Beispiel die Frage: *Was darf man essen?*

Eine überaus spannende Frage bis heute! Wer hohen Blutdruck hat, sollte salzarm essen. Wer eine Milchzuckerunverträglichkeit hat, sollte auf Milchprodukte verzichten. Soll man vegetarisch essen, oder sogar vegan (also auch ohne Tierprodukte wie Eier)? Ist Trennkost besser, oder Vollwertkost? Was gesundes Essen ist, darüber gehen die Meinungen weit auseinander und die Wellen schlagen hoch. So ist das auch schon in der Bibel!

Das 5. Buch Mose gibt im Kapitel 14 eine Orientierung, welches Fleisch gesund ist und welches nicht:
Essen darf man Rind, Schaf, Ziege, Hirsch, Reh und Fisch. Diese Tiere werden als „rein" bezeichnet.
Auf keinen Fall essen darf man Schwein, Kamel und Hase und alles, was auf der Erde kriecht und auch keine Vögel, bis auf wenige Ausnahmen. Diese Tiere werden als unrein bezeichnet. Und um dem Ganzen den nötigen Nachdruck zu verleihen, wird ausdrücklich gesagt, dass es Gott ein „Gräuel ist" (5. Mose 14,3), wenn jemand davon isst. So steht es im Übrigen auch im *3. Buch Mose* Kapitel 11.

Aber sollen Menschen überhaupt das Fleisch von Tieren essen? Am Anfang der Schöpfung war das nicht vorgesehen. Gott erschafft die Menschen und gibt ihnen nur die Pflanzen zur Nahrung (1. Mose 1,29), sie sollen sich ursprünglich nur *vegetarisch ernähren, erklärt das 1. Mosebuch*. Der Fleischgenuss wird erst später erlaubt, nämlich nach der Sintflut (1. Mose 9,3).

Im Neuen Testament, *Apostelgeschichte Kapitel 10*, hat der Jude und Jesusfreund Petrus während

seines Mittagsgebetes einen *Tagtraum*.
Ein großes Tischtuch kommt vom Himmel
herab, in dem sich viele Tiere befinden, die
laufen, kriechen und fliegen können. Darunter
auch eine große Anzahl von denen, die man als
jüdischer Leser der 5 Bücher Mose auf keinen
Fall essen darf.

Da sagt eine Stimme zu Petrus:

> „Steh auf, Petrus, schlachte und iss!
> Petrus aber sprach:
> O nein, Herr; denn ich habe noch nie
> etwas Verbotenes und Unreines gegessen.
> Und die Stimme sprach zum zweiten Mal
> zu ihm:
> Was Gott rein gemacht hat, das nenne du
> nicht verboten.
> Und das geschah dreimal;
> und alsbald wurde das Tuch wieder
> hinaufgenommen gen Himmel."
> (Apostelgeschichte 10, 13–16; Luther-Übersetzung)

Petrus wird hier mit einer *Ungeheuerlichkeit*
konfrontiert! Gott beauftragt ihn als gläubigen
Juden, Schwein, Kamel und Vögel zu essen.
Petrus steckt in einer Zwickmühle: Soll er das
göttliche Gesetz aus dem 5. Mosebuch weiter

befolgen, oder soll er es brechen? Wie immer er sich auch entscheidet, er *entscheidet sich gegen Gott für Gott.*

Der Traum des Petrus in der Apostelgeschichte entspricht auch einem Jesuswort aus dem *Markus-Evangelium* (Markus 7,15):

> „Es gibt nichts, was von außen in den Menschen hineingeht, das ihn unrein machen könnte, sondern was aus dem Menschen herauskommt, das ist's, was den Menschen unrein macht."

Damit auch wir Leserinnen und Leser die Ungeheuerlichkeit dieses Jesuswortes verstehen, erklärt es uns „Markus" in Vers 19, indem er unmissverständlich formuliert:

> „Damit erklärte er alle Speisen für rein!"

Zwei biblische Bücher sind also *gegen das Essen von Schweinefleisch* und Hase und anderen unreinen Tieren, das 3. und das 5. Mosebuch. Zwei biblische Bücher sind für das Essen von Schweinefleisch und Hase und anderen unreinen Tieren, die Apostelgeschichte und das Markusevangelium.

Die Texte der Bibel sind in einem Zeitraum von 1000 Jahren entstanden. Sie stammen aus unterschiedlichen Ländern mit unterschiedlichen Kulturen. Sie sind nur durch ein gemeinsames Thema miteinander verbunden: Erfahrungen mit dem Gott Israels.

Daher sind Widersprüche zwischen den Texten aufgrund der langen Zeitspanne zu erwarten. Und die biblischen Bücher treten ein in ein *innerbiblisches Gespräch*.

Wie wir als Leserinnen und Leser mit diesen Widersprüchen fruchtbar umgehen können, hat Jesus im Matthäusevangelium (Matthäus 22,34–40) so formuliert:

„Du sollst den Herrn, deinen Gott, lieben von ganzem Herzen, von ganzer Seele und von ganzem Gemüt (5. Mose 6,5).
Dies ist das höchste und größte Gebot.
Das andere aber ist dem gleich:
Du sollst deinen Nächsten lieben wie dich selbst (3.Mose 19,18).
In diesen beiden Geboten hängt das ganze Gesetz und die Propheten."
(Luther-Übersetzung)

Wir verstehen Jesu Wort so, dass alle Schriften der Bibel eine Auslegung dieser beiden Regeln sind: Gott zu lieben und seinen Mitmenschen zu lieben.

Der Apostel Paulus sagt es etwas überspitzt in seinem 2. Brief an die Korinther (2. Korinther 3,6):

> „Der Buchstabe tötet,
> aber der Geist macht lebendig."

Es geht beim Bibellesen also nicht darum, jeden Buchstaben zu befolgen, sondern sich *in den Geist der Liebe einzuüben*. Und das kann bedeuten, es auch mal anders zu machen, als es in der Bibel steht.

Ein einfaches Beispiel dafür ist eines der 10 Gebote:

> „Du sollst den Sabbat (Samstag) heiligen.
> Am Samstag sollst Du nicht arbeiten!"
> (2. Mose 20)

Jesus, der Jude, setzt sich mehrfach über dieses Gebot hinweg, indem er am heiligen Sabbat Menschen heilt (Markus 3,1–6) und auch seinen Jüngern erlaubt zu ernten (Markus 2,23–28).

Als Begründung für sein Verhalten erklärt Jesus:

> „Der Sabbat ist um des Menschen willen gemacht und nicht der Mensch um des Sabbats willen!"
> (Markus 2,27)

Der „Geist des Sabbats" ist also der, dass Menschen etwas Gutes getan wird, indem Gott ihnen einen arbeitsfreien Tag schenkt, an dem sie Pause machen können, aufatmen und Freude haben.

Alle Christen „brechen" weltweit und ständig den Wortlaut dieses Gebotes, indem sie *nicht am Samstag, sondern am Sonntag* ihren freien Tag nehmen!

 **Zum Weiterlesen:**

Lesen Sie die Geschichte von dem kleinen israelischen Jungen David und dem großen Philister Goliath im *1. Buch Samuel Kapitel 17*. Vergleichen Sie diese Erzählung mit dem *2. Buch Samuel Kapitel 21 Vers 19*.
+ Wer tötete Goliath?

Zum Weiterdenken:

+ Überlegen Sie, warum die Christen den Sonntag und nicht den Samstag feiern? Es hat mit Jesus zu tun.

KAPITEL 10

Was die
biblischen
Bücher
miteinander
verbindet

Wenn wir danach fragen, was die vielfältigen biblischen Bücher miteinander verbindet, so kommen wir auf zwei große Linien.

Die erste ist die *Geschichte Gottes mit den Menschen.*

Die zweite Linie sind *die zentralen Themen unseres Lebens.*

Wir lesen in den biblischen Büchern die *Geschichte Gottes mit den Menschen:*

Sie beginnt mit den *fünf* Büchern Mose und der Erschaffung der Welt. Jeder Mensch wird mit der Würde versehen, „Gottes Ebenbild zu sein". Gott erwählt sich die Väter und Mütter des Volkes Israel: Abraham und Sara, Rebekka und Isaak, Jakob und Rahel und Lea.
Jakob erhält den Namen „Israel", und aus seinen zwölf Söhnen wird in Ägypten ein großes Volk, das Gott mit Hilfe des Mose aus der Unterdrückung befreit. Gott gibt ihnen Regeln, um ihnen die gewonnene Freiheit zu bewahren. Und er gibt ihnen eine bleibende Heimat.
Das *Buch Josua* erzählt über die erste Zeit im neugewonnenen Land. Zunächst führen die

Richterinnen und Richter das Volk (Das *Buch der Richter*). Dann regieren die Könige Israels beginnend mit Saul, David und Salomo, danach zerfällt das Land in zwei Teile. Die Bücher *Samuel*, der *Könige* und der *Chronik* geben darüber Auskunft. *Die Psalmen* beziehen sich dichterisch auf diese Zeit, ebenso die „*Sprüche Salomos*". In den *Prophetenbüchern* lesen wir, wie die Könige von den Propheten oft kritisiert werden, weil sie es an Gottvertrauen und Gerechtigkeit fehlen lassen. In ihnen lebt die große Hoffnung, dass Gott *die ganze Natur und die Menschheit* von Gewalt befreit und *zum Frieden führt*. Israel wird von fremden Machthabern besetzt. Ein Teil der Bevölkerung wird von den Assyrern und Babyloniern verschleppt. Schließlich wird Jerusalem unter persischer Herrschaft wieder aufgebaut, davon berichten die Bücher *Esra* und *Nehemia*. Auch das *Buch Ester* spielt unter persischer Herrschaft.

Das Neue Testament erzählt in den *vier Evangelien* über Jesus aus Nazareth, in dem Gott in besonderer Weise anwesend ist und der durch die römische Besatzung auf grausame Weise getötet wird. Er überwindet den Tod. In ihm sehen die Evangelien denjenigen, der der ganzen Welt Gottes Frieden bringt.

Die *Apostelgeschichte* berichtet über die Ausbreitung des neuen Glaubens im Mittelmeerbereich aus der Sicht der ersten Christinnen und Christen und über die Reisen des Paulus bis nach Rom. Die *Briefe* erzählen uns viel über die Themen, Konflikte und Lösungen dieser Zeit.
Die *Johannesoffenbarung* beschreibt in großen Bildern den Kampf der Christen mit der Weltmacht Rom.

Die Bibel handelt von den grundlegenden Erfahrungen des Menschseins. Sie kennt uns Menschen:

In den *fünf Büchern Mose* begegnen uns Familiengeschichten, Betrug und Versöhnung, Mord und Totschlag, Hoffnung und Liebe, der Traum von Freiheit und seine Verwirklichung, Recht und Gesetz und Gott, der Böses zum Guten wendet.
Die *Geschichtsbücher* erzählen über Krieg und Frieden, gute und schlechte Herrschaft, Mut, Schuld und Einsamkeit.
Die Lieder und Gebete der *Psalmen* kennen alle unsere menschlichen Gefühle und versuchen, ihnen Worte und Bilder zu geben.

Das *Hohelied* beschäftigt sich mit der menschlichen Sexualität als gute Gabe Gottes.
Das *Buch Hiob* ist eine starke Auseinandersetzung mit dem menschlichen Leid.
Die *Prophetenbücher* fragen nach sozialer Gerechtigkeit und Menschenwürde zwischen Armut und Reichtum, Überheblichkeit und Unterdrückung.
Wie man sich im Leben klug verhält, darüber geben die *Sprüche Salomos* und der *Prediger* Auskunft.

In den Evangelien wirbt Jesus für die Liebe im Angesicht der Gewalt. Gott und Menschen zeigen am Kreuz, wozu sie fähig sind.
In den *Briefen* wird durchbuchstabiert, was es bedeutet, im Sinne Jesu zu glauben, zu hoffen und zu lieben.

Beide großen Linien – die geschichtliche und die existenzielle – laden uns Leserinnen und Leser dazu ein, in unserem Leben *auf Gott zu vertrauen*. Dieses Vertrauen nennt die Bibel „glauben".

Der Wiener Theologe Ulrich Körtner formuliert so:

„*Der Glaube* ist ein Verstehen biblischer Texte, durch welches der Leser nicht nur in den Text gerät, um ihn (mit seinen Erfahrungen) zu vervollständigen, sondern durch welches er seinerseits verwandelt wird, indem er sich neu verstehen und *so neu zu leben lernt*."
(Ulrich Körtner: Der inspirierte Leser)

Wir lassen uns *hineinziehen* in eine biblische Geschichte und sie verändert uns.
Wir lernen durch das Lesen uns neu zu verstehen.

Der Professor für Neues Testament, Norbert Lohfink, schreibt über das Lesen eines biblischen Textes:

„Was mich und viele Exegeten heute interessiert, ist *der Endtext*. Nicht die Vorgeschichte des Textes, sondern der Text selbst. Sein Aufbau, seine Struktur, seine Linienführung, seine Theologie, *seine Schönheit*, der Zauber seiner Sätze. Wozu mich der Text verführen will und was er mir leise und doch eindringlich sagen will (...) Ich freue mich an ihm. Ich erschrecke vor seinem Anspruch. Ich lasse mich von ihm trösten. Ich lebe in ihm wie ein Kind, dem seine Mutter eine Geschichte erzählt."

Die biblischen Bücher werden auch als *„Heilige Schriften"* und als „Wort Gottes" bezeichnet.

Letztlich wird die Bibel erst dann für mich zum *Wort Gottes*, wenn es mich trifft. So werden aus *Leseworten* für mich *Lebensworte*! Ein-*sichten* in die Bibel werden zu *Einsichten* meines Lebens.

Nachwort

Zu einer alten *Pfarrerin*, die gerade im Garten
arbeitet, kommt ein Mann und klagt ihr
sein Leid: „Ich lese jeden Tag in der Bibel,
aber ich vergesse so vieles wieder.
Ich habe eine Schwäche beim Auswendiglernen!
Ich muss immer wieder von vorn anfangen.
Was soll ich nur tun?"
Die alte Pfarrerin bittet den Mann, am Teich
Wasser zu holen, und gibt ihm dafür *einen
geflochtenen Korb*, aus dem sie eben noch die
Gartenerde geschüttet hat.

Der Mann nimmt den Korb, geht zum Teich,
füllt ihn mit Wasser und als er wieder bei der
Pfarrerin ankommt, ist alles Wasser ausgelaufen.
„Tun Sie mir den Gefallen und gehen Sie noch
einmal", sagt die Pfarrerin mit einem bestimmten
Lächeln.
Der Mann nimmt erneut den Korb, geht wi-
derwillig zum Teich, füllt ihn und als er bei der
Pfarrerin ankommt, ist alles Wasser ausgelaufen.
Der Mann schüttelt den Kopf und sagt:
„Das hat doch alles keinen Sinn! Mit diesem
Korb kann man kein Wasser holen!"

„Ja, das stimmt", antwortet die Pfarrerin, „aber jetzt ist er schön sauber, die ganze Gartenerde ist raus! Und so ist das *auch beim Bibellesen*, die Worte fließen durch Sie hindurch, wie Wasser. Sie können sie nicht festhalten, aber die Worte der Bibel machen *Ihre Seele sauber*. Und deshalb ist es auch gut, *immer wieder neu* darin zu lesen."

Dank

Wir bedanken uns besonders bei

Friedlinde Hark, Nicole Hoffmann,
Hannelore Pooch, Ulrike Rempel,
Andrea Steinkühler, Sylvia Wulfhorst
und unserem Lektor Hans Möhler,
die uns wichtige Anregungen und Korrekturen
zur Verständlichkeit dieses Buches gegeben
haben.

Literaturverzeichnis

Die folgenden Bücher haben uns beim Schreiben unseres
Buches geholfen. Manche sind direkt durch ein Zitat
eingeflossen, andere wirken im Hintergrund. Der wissen-
schaftliche Ansatz, der hinter unserem Buch steht, nennt
sich „*Rezeptionsästhetik*". Dieser Ansatz geht davon aus,
dass sich der Sinn eines Bibeltextes erst durch das Lesen
erschließt. Für uns grundlegend sind *Körtners* Buch
„Der inspirierte Leser" und *Müllers* Buch „Verstehst du
auch, was du liest?".

Aurelius, Erik: „Du bist der Mann". Zum Charakter biblischer
Texte. Göttingen 2004.
 Der schwedische Professor für Altes Testament macht
 deutlich, wie wir als Hörer und Leserinnen durch die
 biblischen Texte direkt angesprochen werden. Ihm
 verdanken wir den Hinweis, wie wichtig die Erzählung
 von David und Nathan zum Verständnis der Bibel ist.

Bibeln: Auch für erwachsene Einsteigerinnen und Einsteiger
 lohnt es sich, zuerst eine Kinderbibel durchzulesen, zum
 Beispiel *Herders Kinderbibel* oder *Das große Bibel-Bilder-
 buch*. Die evangelische *Lutherbibel* (Luther-Übersetzung)
 und die katholisch-evangelische *Einheitsübersetzung*
 sind in Deutschland die bekanntesten Übersetzungen.
 Sprachlich sehr gut verständlich sind die *Gute Nachricht
 Bibel* (Gute Nachricht), *Hoffnung für Alle* und die *Basis
 Bibel*, die ist sogar internetgestützt. In der Übersetzung

sehr zuverlässig sind die *Elberfelder* und die reformierte *Züricher Bibel*. Die *Bibel in gerechter Sprache* (Bibel in gerechter Sprache) versucht, dem biblischen Grundthema „Gerechtigkeit" in besonderer Weise zu entsprechen. Unter www.die-bibel.de und unter www.bibleserver.com finden Sie noch weitere Übersetzungen.

Es gibt auch eine Verfilmung der ganzen Bibel in siebzehn Teilen: *Die Bibel – Der Film*; außerdem verschiedene Bibelhörbücher, z.B. die *Gute Nachricht Hörbibel* für das Neue Testament als MP3.

Borchert, Jürgen: Sozialstaats-Dämmerung. München 2013.
   Der Sozialrichter schreibt ein überaus kenntnisreiches Buch über die Benachteiligung der Familien und Kinder in Deutschland. Das Zitat steht auf Seite 64.

Butting, Klara: Erbärmliche Zeiten – Zeit des Erbarmens. Theologie und Spiritualität der Psalmen. Uelzen 2013.
   Butting bespricht ausgewählte Psalmen konsequent im Zusammenhang des ganzen Psalmenbuches. Die Psalmen „bleiben in ihrer Sprechweise bewusst zeitlos, weil sie unterschiedliche Menschen in immer neuen Situationen Worte geben wollen" (Seite 11). Das Zitat steht auf Seite 12.

Conzelmann, Hans/ Lindemann, Andreas: Arbeitsbuch zum Neuen Testament. 14. Auflage. Tübingen 2004.
   Das Zitat steht auf Seite 103. Eine sehr gute Einführung in die Ergebnisse der historisch-kritischen Forschung zum Neuen Testament.

Crüsemann, Frank: Bewahrung der Freiheit. Das Thema des Dekalogs in sozialgeschichtlicher Perspektive. München 1983.

Ebach, Jürgen: SchriftStücke – Biblische Miniaturen. Gütersloh 2011.

Das überaus lesenswerte Kapitel: *„Bibel und Widerspruch"* – aus dem wir mehrfach zitieren – steht auf den Seiten 92–101. Der Professor für Altes Testament beobachtet in der jüdischen Bibelauslegung gerade die Fähigkeit, einen Bibeltext vielfältig auszulegen: „Die Überzeugung, dass es nicht nur eine Wahrheit gibt, führt keineswegs zur Beliebigkeit. Die verschiedenen Auffassungen stehen nicht unverbindlich nebeneinander, sie bilden vielmehr eine verbindliche und verbindende Vielfalt" (Seite 34).

Eco, Umberto: Nachschrift zum ‚Namen der Rose'. 11. Auflage München 2012.

Er schreibt: „Ein Text will für seine Leser zu einem Erlebnis der Selbstveränderung werden" (Seite 59).

Eco, Umberto: Die Grenzen der Interpretation. München/Wien 1992.

Eco legt für das Verstehen eines Textes drei Regeln fest: Die Interpretation beginnt mit der Verteidigung des wörtlichen Sinnes (S. 44 ff. und 77 ff.). Die Interpretation darf dem literarischen Kontext nicht widersprechen (S. 48 und 147 f.). Die Interpretation muss im Sprachraum möglich sein, in dem der Text entstanden ist (S. 149).

Eckey, Wilfried: Die Apostelgeschichte. Teilband I. Neukirchen-Vluyn 2000.

Eckeys Kommentare zeichnen sich durch eine gute Verständlichkeit aus.

Garhammer, Erich/Schöttler, Heinz-G.: Predigt als offenes Kunstwerk. Homiletik und Rezeptionsästhetik. München 1998.

Grönemeyer, Herbert: Mensch. Auf der gleichnamigen CD 2002.

Haag, Herbert/ Ellinger, Katharina: „Wenn er mich doch küsste …". Das Hohe Lied der Liebe. Mit Gemälden von Marc Chagall. Zürich und Düsseldorf 3. Auflage 1997.
Der katholische Alttestamentler Herbert Haag übersetzt und kommentiert mit Katharina Ellinger zusammen das Hohe Lied der Liebe. Dazu werden die Bilder von Marc Chagall gezeigt. Ein schönes und ausgesprochen kenntnisreiches Buch, auch für Nichtwissenschaftler gut lesbar.

Hiller, Doris: Die Spur des Textes. Eine narrativ-kritische Programmskizze biblischer Theologie. In: Landmesser, Christof/Klein, Andreas (Hg.): Der Text der Bibel. Interpretation zwischen Geist und Methode. Neukirchen-Vluyn 2013. Seite 81–98.
Doris Hiller setzt sich hier mit Paul Ricoeurs Texttheorie auseinander und schreibt zur Bibel: „Kein anderer Text wirft Fragen nach dem Letzten von solcher Relevanz und Existentialität auf und gibt ihnen einen Richtungssinn, der in der Offenbarung Gottes orientiert ist" (S. 94).

Hoffmann, Nicole in ihrer Predigt am 5. Januar 2014 in Gütersloh.

Hüsch, Hanns Dieter: Ein gütiges Machtwort. Alle meine Predigten. Düsseldorf 2001.
Die Übertragung aus dem Johannesbrief findet sich auf S. 13, die Übertragung aus dem Jakobusbrief auf S. 19.

Hüsch, Hanns Dieter/ Seidel, Uwe: Ich stehe unter Gottes Schutz. Psalmen für Alletage. 7. Auflage. Düsseldorf 2003.

Huizing, Klaas: Lukas malt Christus. Ein literarisches Porträt. Düsseldorf 1996.
Ein rezeptionsästhetischer Zugang zum Lukasevangelium in wissenschaftlicher Sprache.

Huizing, Klaas/Körtner, Ulrich H.J./Müller, Peter: Lesen und Leben. Drei Essays zur Grundlegung einer Lesetheologie. Bielefeld 1997.
Die drei Autoren diagnostizieren in wissenschaftlicher Sprache die Krise der „historisch-kritischen Exegese" und zeigen, wie wichtig die Lesenden selbst für das Verstehen biblischer Texte sind.

Jens, Walter: Die vier Evangelien. Stuttgart 2003.
Das Gleichnis vom verlorenen Sohn in der Übertragung von Walter Jens steht auf den Seiten 215–217.

Knauber, Andrea: Hiob 14,1–6. in: Wolfgang Kruse (Hg.): Predigtmeditationen im christlich-jüdischen Kontext. Zur Perikopenreihe IV. Neuhausen 1999. Seiten 315–320.
In unserem Hiobkapitel haben wir Gedanken aus dieser ausgezeichneten Predigtmeditation von Andrea Knauber einfließen lassen. Das Zitat steht auf Seite 317.

Körtner, Ulrich H.J.: Der inspirierte Leser – Zentrale Aspekte biblischer Hermeneutik. Göttingen 1994.
Das Zitat steht auf Seite 60. Körtner nimmt den Begriff der „erfundenen Wahrheit" von Marcel Reich Ranicki auf und schreibt im Sinne Dietrich Bonhoeffers:
„Alles Lüge! So mag derjenige urteilen, der die Wahrheit hinter dem Mythos sucht. Wie aber, wenn der Mythos in ganz anderer Weise die Sache selbst, nämlich die Wahrheit selbst ist? Wie, wenn die Wahrheit dieses My-

thos nur findet, wer selbst in den Mythos, in seinen Text hineingerät?" (S. 171).

Körtner, Ulrich H.J.: Riskanter Glaube. Einübung im Christentum. Wien 2009.
Die Zitate stehen auf den Seiten 128 und 241.

Lewis, Clive Staples: Die Chroniken von Narnia – Gesamtausgabe. Wien 2005.
Lewis hat in seinen 7 Kinderbüchern den christlichen Glauben in eine „Fantasy-Welt" versetzt, die von Kindern entdeckt wird, die viele Abenteuer erleben und dabei lernen, im Sinne des Löwen Aslan – der Jesus verkörpert – zu leben. Band 2, 4 und 5 sind bereits verfilmt worden.

Lixfeld, Hannjost: Arbeitstexte für den Unterricht: Witz. Stuttgart 1978.
Ein kleines feines Buch über die Theorie des Witzes. Wir sehen Gemeinsamkeiten zum politischen Witz in Richter 9,8–15.

Lohfink, Gerhard: Gegen die Verharmlosung Jesu. Reden über Jesus und die Kirche. Freiburg-Basel-Wien 2013.
Das Zitat steht auf den Seiten 464 und 465.

Lux, Rüdiger: Jona. Prophet zwischen ‚Verweigerung' und ‚Gehorsam'. Eine erzählanalytische Studie. Göttingen 1994.
Lux verwendet für das Buch Jona die „Erzähltextanalyse" von Christoph Hardmeier. In wissenschaftlicher Sprache eine feine Analyse der Erzählstruktur des Jona-Buches.

Müller, Peter: „Verstehst du auch, was du liest?": Lesen und Verstehen im Neuen Testament. Darmstadt 1994.

Ausgehend von Apostelgeschichte 8,26–40 analysiert Müller das Lesen in der Antike und im Neuen Testament und verbindet diese mit der Rezeptionsästhetik.

Müller, Ulrich B.: Die Offenbarung des Johannes. Ökumenischer Taschenbuchkommentar zum NT. Gütersloh 1984.
Auf Seite 257 führt Müller die Zahl 666 auf Nero zurück. Auch wenn für die Deutung der Zahl noch weitere römische Kaiser in Frage kommen, so konnte ein Hebräisch kundiger Leser auf jeden Fall auf Kaiser Nero kommen.

Oeming, Manfred: Biblische Hermeneutik. Eine Einführung. Darmstadt 1998.
Dieses Buch bietet einen sehr guten Einblick in die gegenwärtigen wissenschaftlichen Zugänge zur Bibel auf der Grundlage eines hermeneutischen Viereckes mit Autor, Text, Leser und Sache.

Petuchowski, Jakob J./Thoma, Clemens: Lexikon der jüdisch-christlichen Begegnung. Freiburg in Breisgau 1989.

Rendtorff, Rolf: Das Alte Testament. Eine Einführung. 6. Auflage 2001.
Eine sehr gute Einführung in die Ergebnisse der historisch-kritischen Forschung zum Alten Testament. Er schreibt allerdings auch: „Die Endgestalt der alttestamentlichen Bücher und die darin zum Ausdruck kommenden theologischen Intentionen müssen in ganz anderer Weise ernst genommen werden, als es bisher in der alttestamentlichen Wissenschaft geschehen ist" (S. 138).

Rosenstock, Jörg: Für mich gestorben!? Was hat Jesu Tod mit mir zu tun? Bielefeld 2. Auflage 2011.

Rosenstock, Roland: Die Zehn Gebote. Und was sie heute bedeuten. Eine Gebrauchsanweisung. Reinbek bei Hamburg 2007.

Schreiber, Matthias: Wer hofft, kann handeln. Predigten. Johannes Rau – Gott und die Welt ins Gespräch bringen. Holzgerlingen 2006.
    Das Zitat steht auf Seite 12.

Schroer, Silvia: Frau Weisheit – Ein weibliches Gottesbild in der Bibel. In: Hofmeister, Klaus/Hochgrebe, Volker: Das Alte Testament: Eine Verführung zum Weiterlesen. Limburg 1992. Seite 147–156.

Schwager, Hans: Schriften der Bibel. Literaturgeschichtlich geordnet. Stuttgart und München 1968.
    Seite 91–103.

Sölle, Dorothee: loben ohne lügen: gedichte. Berlin 2000.
    Seite 15.

Zenger, Erich: Psalmen Auslegungen. Bd. 2. Ich will die Morgenröte wecken. Freiburg i.Br. 2003.
    Die Psalmübersetzung steht auf Seite 178, das Zitat von Zenger auf den Seiten 179 und 180.

Jörg Rosenstock

Für mich gestorben!?

Was hat Jesu Tod mit mir zu tun?

104 Seiten, Broschur
€ 10,90
ISBN 978-3-7858-0574-9

Die aktuelle Diskussion um die Bedeutung des Kreuzestodes Jesu erhitzt die Gemüter. Gestorben für meine Sünden? Versöhnung mit Gott? Solidarität mit den Geschundenen dieser Welt? Die seit Jahrhunderten unangefochtene Glaubensaussage, dass Jesus für mich gestorben ist, gerät ins Kreuzfeuer kritischer Hinterfragung.

Jörg Rosenstock kennt die Fragen, sie begegnen ihm tagtäglich in der Gemeindearbeit, in Schule und Konfirmandenunterricht. Und er hat sieben Zugänge zum Kreuz zusammen mit den Fragenden erarbeitet, allgemeinverständlich, schnörkellos, überzeugend. Endlich ein Buch zum Thema, das jeder versteht.

Luther-Verlag

Cansteinstr. 1
33647 Bielefeld

Telefon: (05 21) 94 40 1 37
Fax: (05 21) 94 40 1 36
E-Mail: vertrieb@luther-verlag.de
Internet: www.luther-verlag.de

Jörg Rosenstock

Sehen wir uns im Jenseits wieder?

Ist mit dem Tod nicht alles aus?

120 Seiten, Broschur
€ 10,90
ISBN 978-3-7858-0589-3

Sehen wir uns im Jenseits wieder?
Ja! So die kurze und gut begründete Antwort des Autors.
Wo andere ausweichend bis abweisend ein „Hoffentlich"
oder „Vielleicht" andeuten, bezieht sich Rosenstock
auf die prägnanten biblischen Aussagen: Gottes Zusage gilt –
für Leib und Seele.

Luther-Verlag

Cansteinstr. 1
33647 Bielefeld

Telefon: (05 21) 94 40 1 37
Fax: (05 21) 94 40 1 36
E-Mail: vertrieb@luther-verlag.de
Internet: www.luther-verlag.de

Jörg Rosenstock I
Heinrich Fallner

Wie erfahre ich Gott im Alltag?

136 Seiten, Broschur
€ 10,90
ISBN 978-3-7858-0606-7

Provokant direkt und zugleich biblisch fundiert bringen die Autoren
große Theologische Fragen präzise auf den Punkt: Welchen Sinn hat
es von Gott zu reden, wenn wir ihn nicht auch heute noch erleben?

Wer dieses Buch aufschläft, geht dem Wirken Gottes in seinem
Leben nach. Gott lässt sich von uns spüren! durch seine
Schöpfung hindurch, in unserer Lebensgeschichte, im Gebet, in der
Begegnung mit dem Mitmenschen. Gott will Dir nahe sein. So nah,
dass Du ihn körperlich spüren kannst. So nah, dass seine Liebe in
Deinem Herzen wohnt.

Luther-Verlag

Cansteinstr. 1
33647 Bielefeld

Telefon: (05 21) 94 40 1 37
Fax: (05 21) 94 40 1 36
E-Mail: vertrieb@luther-verlag.de
Internet: www.luther-verlag.de

Kurt-Wilhelm Steenbuck

Ich glaube ...

Das Glaubensbekenntnis verständlich erläutert

112 Seiten, Broschur
€ 14,95
ISBN 978-3-7858-0628-9

Seit Jahrhunderten sprechen Christen das Apostolische Glaubensbekenntnis. Doch hinter den alten Sätzen verbirgt sich mehr als eine gute Tradition.

Für Kurt-Wilhelm Steenbuck besteht das Bekenntnis aus einer Reihe edler Glaubensperlen, die uns zu einem befreiten Leben mit Gott führen wollen – kostbar, unersetzlich und würdevoll. Eben verdichtetes Evangelium.

Seine Auslegungen und Erläuterungen bringen frischen Glanz auf vertraute Sätze – wer sie liest, wird das Glaubensbekenntnis neu entdecken und zukünftig anders und vertieft mitsprechen: Ich glaube …

Luther-Verlag

Cansteinstr. 1
33647 Bielefeld

Telefon: (05 21) 94 40 1 37
Fax: (05 21) 94 40 1 36
E-Mail: vertrieb@luther-verlag.de
Internet: www.luther-verlag.de